사르트르와 보부아르의
계약결혼

차례
Contents

03 계약결혼의 양면성 07 만남에서 계약결혼까지 28 계약결혼의 이상과 현실 50 계약결혼을 형상화한 문학 88 계약결혼, 그 힘들고 긴 여정

계약결혼의 양면성

결혼제도가 다시 사회 문제로 떠오르고 있다. 프랑스 일간지인 『르 몽드』에 따르면 데리다Derrida가 한때 프랑스 민법에서 '결혼' 대신 '시민결합(union civile)'이라는 단어를 쓰자는 의견을 내놓은 적이 있다고 한다. 데리다의 이런 주장이 일부일처제의 결혼제도를 완전히 부정하는 것은 아니다. 다만 여러 나라에서 문제로 떠오르는 동성애자들끼리 하는 결혼을 포함한 유연한 결혼제도를 만들자는 뜻으로 생각할 수 있다.

결혼은 한 인간의 삶에서 삼대지사三大之事에 포함할 만큼 중요한 일이다. 남녀결합은 과거나 지금이나 뜨거운 문제다. 그래서 결혼에는 중매결혼, 연애결혼, 동성동본결혼, 동성애결혼, 정략결혼, 사기결혼, 그리고 계약결혼 등과 같은 많은 종류가 있는 모양이다. 특히 최근 성性개방 풍조와 더불어, 젊은 이들 사이에 계약결혼이 빠르게 늘고 있다. 이를 반영하기라도 하듯 계약결혼을 소재로 한 만화나 TV 드라마가 사람들의 큰 관심을 끌기도 한다.

계약결혼이라는 말을 들으면 20세기 프랑스의 대표 지성인 장 폴 사르트르Jean-Paul Sartre와 『제2의 성』을 쓴 시몬 드 보부아르Simone de Beauvoir가 떠오른다. 그 까닭은 그들이 처음으로 계약결혼을 했기 때문이다.

많은 경우 계약결혼은 결혼을 하지 않은 남녀가 계약 조건에 따라 일정 기간 동안 같이 살거나, 가끔 만나서 부부처럼 지내는 것으로 여겨진다. 남녀 한 쌍이 결혼을 할 때 상대방에 대해 좀 더 알고자 하는 것은 아주 자연스러운 일이다. 계약결혼을 좋게 생각하는 사람들은 남녀가 이혼에 이를 수 있는 여러 문제들을 미리 겪어봄으로써 불행을 미리 막는다는 취지를 긍정적으로 받아들인다. 그러나 이런 취지를 악용할 틈은 많다. 특히 결혼 전에 계약결혼을 핑계로 무분별한 성생활을 일삼아 성도덕이 무너질 가능성은 대단히 크다. 이는 많은 사람들이 계약결혼을 반대하는 까닭이기도 하다. 특히 결혼 적령기의 자식을 둔 부모에게 이는 커다란 근심거리일 수밖에 없다.

야누스처럼 두 개의 면을 가진 계약결혼, 좀 더 자세히 말하자면 '사르트르와 보부아르의 계약결혼'이 이 책의 주제이다. 그들은 일정 기간 동안 계약을 맺고 법으로 맺은 부부와 같은 생활을 했다. 프랑스에서 제2차 세계대전이 끝난 뒤, 그들을 모델로 한 계약결혼이 자유의 분위기를 만끽하던 젊은이들 사이에 유행처럼 번져나갔다. 그래서 사르트르와 보부아르가 지인들과 만나던 카페 드 플로르가 있는 파리의 생 제르맹 데 프레는 도덕을 내세우는 많은 사람들의 눈살을 찌푸리게 하기에 충분했다.

겉만 보면 사르트르와 보부아르의 계약결혼은 현대 청춘 남녀들이 하는 계약결혼과 별 차이가 없다. 그러나 사르트르와 보부아르의 계약결혼은 상식으로 이해할 수 있는 계약결혼, 즉 청춘 남녀가 결혼하기 전에 하는 단순한 실험 결혼과는 근본이 다르다. 그들은 계약결혼을 통해 자신들의 철학 사유를 바탕으로 인간관계를 다시 세우고자 했다. 다시 말해 자신들의 계약결혼이 의사소통의 이상理想으로 승화하길 바란 것이다.

그들은 어떤 이론을 바탕으로 삼았으며 어떤 과정을 통해 자신들의 계약결혼에 그런 의미를 붙였을까? 과연 그들은 의미를 실현하는데 성공했을까? 성공했다면 그 과정에서 어려움은 없었을까? 실패했다면 어떤 이유가 있었을까?

사르트르와 보부아르는 각자 자신의 문학작품에서 그들이 경험한 계약결혼을 중요한 소재로 다루었다. 사르트르의 『철들 무렵』의 중심인물인 마티외Mathieu와 마르셀Marcelle, 그리고 보부아르의 『초대받은 여자』의 중심인물인 피에르Pierre와 프랑수아즈Françoise가 그 예이다. 사르트르와 보부아르는 자신들의 작품에서 계약결혼을 어떻게 문학으로 드러냈는가? 그들이 경험한 것과 소설에서 다룬 계약결혼 사이에는 어떤 차이가 있을까? 그리고 과연 계약결혼은 지금 현재 우리들에게 어떤 의미를 지닐까? 혹시 주위에 계약결혼 생활을 하는 젊은이들이 있다면 그들을 어떤 눈으로 봐야 할까? 우리는 이 책에서 이러한 문제들을 살펴볼 것이다. 그렇게 함으로써 최근 젊은이들이 많은 관심을 보이는 계약결혼에 대한 이해의 폭을 넓히고자 한다.

만남에서 계약결혼까지

운명 같은 만남

사르트르는 1905년에, 보부아르는 1908년에 태어났다. 둘 다 파리에서 태어났지만 그들은 1929년에 까다롭기로 소문난 철학교수 자격시험을 준비하는 과정에서 처음 만난다. 그때 사르트르는 24세였고, 보부아르는 21세였다.

그들이 운명처럼 만난 1929년에 사르트르는 프랑스에서 수재들 중의 수재들만이 들어갈 수 있다는 고등사범학교에 1924년에 입학해 1928년에 졸업한 뒤 철학교수 자격시험에서 떨어져 재수를 하고 있었다. 사르트르는 첫 번째 시험에서 너무 독창성 있는 답을 제시하려다 떨어졌다고 한다. 한편 보부아르는 데지르Désir 학원을 마치고 소르본Sorbonne에서 강의를 듣고 있었다. 보부아르는 주로 소르본 도서관과 국립도서관에서 공부를 했다. 그러면서 사르트르, 니장P. Nizan과 더불어 '3인방'을 형성한 마외R. Maheu를 국립도서관에서 알게 된다.

보부아르는 그들 3인방에 대한 소문은 익히 들어서 알고 있었으며, 소르본이나 고등사범학교에서 그들과 가끔 스치기도 했다. 보부아르는 인습과 규율을 철저하게 무시하고 자유분방한 생활을 하는 3인방의 행동에 매혹되어 그들 틈에 끼고 싶어 했지만 그럴 만한 기회가 없었다. 그들은 셋이 항상 같이 붙어 다니며 마음에 드는 교수가 하는 강의만 들었다. 그들은 다른 학생들에 대해 일정한 거리를 두면서 학생들에게 짓궂은 장난을 해댔다. 그리고 자기들끼리만 통하는 암호로 이야기하는 등, 그야말로 패거리를 형성하고 있는 그들에게 보부아르가 접근하기는 쉽지 않았다.

사르트르는 나중에 그를 포함한 3인방이 다른 학생들에게 거칠게 행동한 것에 대해 그 나름대로 해명을 했다. 그에 따르면 그러한 행동은 그저 그들을 괴롭히려는 심술궂은 장난이 아니었다는 것이다. 단지 사교계의 모임에 참여하는 학생들의 행동과 옷차림이 그 어떤 가치도 없으며 그런 것을 추구해서는 안 된다는 것을 경고한 것이라고 했다. 다시 말해 3인방은 주말에 사교계를 드나들던 학생들을 학생답지 못하다고 여긴 것이다.

이처럼 다른 학생들에 대해 폐쇄적이었던 사르트르, 니장,

마외도 보부아르에 대해서는 소문을 들어서 대략 어떤 학생인지 알고는 있었다. 보부아르는 머리가 아주 좋고 아름다운 푸른 눈을 지녔지만, 옷차림은 형편없는 여학생이라는 풍문을 그들도 들었던 것이다. 그들은 가끔 보부아르를 쳐다보다가 눈길이 마주치기도 했다. 그러나 그들은 보부아르에게 먼저 접근하려고 하지는 않았다. 왜냐하면 그 당시 학교에서 우두머리인 자신들이 먼저 접근하면 체면이 깎인다고 여겼기 때문이다.

마외가 나중에 보부아르에게 들려준 '외젠의 우주론'을 통해서 그 당시 그들 자신들을 포함한 다른 학생들을 어떻게 생각했는지 엿볼 수 있다. 그들은 콕토J. Cocteau의 작품인 『포토마크』에서 영감을 얻어 학생들을 크게 세 부류로 나누었다. 마외 자신을 포함한 사르트르와 니장은 소크라테스Socrates와 데카르트R. Descartes와 더불어 제일 높은 신분인 외젠(les Eugènes)으로 분류했다. 그들은 다른 학생들은 무한無限 속에서 헤엄치는 마란(les Marrhanes)들, 창공을 헤엄쳐서 다니는 모르티메르(les Mortimer)들로 묶어 자기들보다 낮은 신분으로 분류했다. 어떤 학생들은 이와 같은 차별 때문에 정말 화를 내기도 했다. 보부아르는 스스로 까다로운 운명을 지닌 위뢰즈 여자들(femmes humeuses) – 『포토마크』에 나오는 인물로 인간을 삼켜버리는 여자 외젠 – 속에 자리를 정했다. 보부아르가 마외를 알게 되었을 때 그를 포함한 3인방은 자신들을 이른바 초인超人으로 여겼으며 자신들에 대해 굉장한 자부심을 지녔다.

보부아르는 소르본 도서관이나 국립도서관에서 이와 같은

사고방식에 젖은 3인방의 일원인 마외와 가끔 인사를 나누었다. 마외가 보부아르에게 먼저 말을 걸어 보부아르는 마외를 사귀기 쉬운 사람으로 생각했다. 그렇다고 해서 보부아르가 마외에게 가까이 다가서지는 않았다. 왜냐하면 보부아르는 연정을 품고 결혼까지 생각하던 자신의 먼 친척 오빠인 자크와의 관계를 어떤 식으로든 정리를 해야 했기 때문이다. 또한 이미 결혼을 한 마외 역시 보부아르에게 가까이 다가갈 상황이 아니었다. 더군다나 사르트르나 니장과 함께 있을 때, 마외는 가끔 보부아르를 보고도 모른 척하는 경우도 많았다. 그러나 혼자 있을 때에는 보부아르에게 말을 걸어왔다. 국립도서관에서는 서로 옆자리에 앉기도 했고, 칸트I. Kant나 흄D. Hume에 대해 토론도 했으며, 점심을 같이 먹기도 했다. 그러다 저녁에 가볍게 차나 술을 한잔씩 하는 관계로 발전했다. 사르트르, 니장, 마외 이 3인방 가운데 마외만 혼자 듣는 강의가 있었는데 이 강의를 신청한 보부아르는 마외와 더 가깝게 지낸다. 보부아르를 평생 따라다닌 '카스토르Castor'라는 별명을 붙여준 이도 마외다. 그는 항상 공부에만 열중하는 보부아르에게 "항상 안달하면서 일만 하는 비버Beaver 같다"며 영어 단어 '비버'에 해당하는 불어 단어인 '카스토르'를 찾아냈다. 비버들은 떼로 다니며 앞날을 향해 도전하는 정신을 지녔다는 것이다.

마외와 만난 일은 보부아르에게 자신을 발견하는 좋은 기회였다. 그러나 지식에 관해 목말라 있던 보부아르는 마외를 통해 목마름을 한 번에 풀 수는 없었다. 마외는 보부아르보다

뛰어난 철학 소양이 없었다. 그러나 마외와 교류하며 구태의연한 낡은 관습의 틀을 벗어던지고 자신에게 만족하며 반성하는 삶을 살아가고 싶다는 자신의 소망을 다시 한번 확인한다. 그래서 보부아르는 마외와 만난 뒤, 일기장에 이렇게 적는다. "마치 내게 정말로 무슨 일이 벌어진 것처럼, 나는 왜 이렇게 혼란스러워 하는 것일까?" 물론 보부아르의 인생에서 '정말로 무슨 일'이 벌어지기 위해서는 조금 더 기다려야 했다. 보부아르 스스로 자신의 인생에서 '가장 중요한 사건'으로 여긴 사르트르와 만날 때까지는 말이다.

마외는 보부아르와 만나면서 그 자신을 포함한 사르트르와 니장이 중심이 된 3인방에 대해 많은 말을 했으며, 보부아르 역시 그들에 대해 많은 관심을 가졌다. 그러나 니장은 이미 결혼을 했고, 고등사범학교 학생이었던 사르트르는 다른 여자와 약혼을 한 상태였다. 사르트르는 보부아르를 그저 먼발치에서 관찰만 했다. 그러다 1928년에 사르트르는 철학교수 자격시험에서 떨어지고 약혼녀와 헤어진다. 약혼녀의 집에서 시험에 떨어진 장래가 불투명한 남자와 딸을 결혼시킬 수 없다고 했기 때문이다. 1929년에 사르트르는 보부아르가 할아버지 장례식에 참석하기 위해 메리이냐크에 다녀온 뒤부터 보부아르에게 가까이 다가간다.

사르트르는 우선 마외를 통해 보부아르에게 조그만 선물을 준다. 그것은 사르트르가 그린 보부아르의 논문 주제인 라이프니츠Leibniz와 목욕하는 미녀들을 그린 데생이었다. 그 미녀들은 라이프니츠의 단자들(monades)을 상징하는 것이었다. 물론 보부아르는 그 전에도 소르본의 복도를 지나가다가 사르트르와 스치면서 간단한 인사 정도는 나누었다. 그렇지만 그와 긴 대화를 할 기회는 없었다. 그도 그럴 것이 그는 학교 도서관이나 학교 식당에 거의 나타나지 않았기 때문이다. 사르트르는 한 해 전에 철학교수 자격시험에서 떨어져 파리 남쪽에 있는 학생기숙사에 머물고 있었다.

한 번은 사르트르가 마외를 통해 보부아르에게 정식으로 만나자는 제안을 했다. 그러나 보부아르는 이 제안을 수락하고도 약속 장소에 나가지 않았다. 마외가 그것을 썩 달가워하지 않았기 때문이다. 당시 결혼을 한 마외는 보부아르를 좋아하는데도 불구하고 단지 친구 사이로 우정만을 나누면서 지내는 것을 못내 안타까워했다. 그리고 자신이 파리에 없는 동안에 사르트르가 보부아르를 독차지할까봐 그들의 약속을 꺼림칙하게 생각했다. 그래서 마외는 보부아르에게 자기가 파리에 없는 동안 사르트르와 만나지 말 것을 부탁했고, 보부아르는 그렇게 하겠다고 약속한다. 보부아르는 급한 핑계를 대고 동생인 엘렌을 사르트르와 만나기로 한 약속 장소로 보낸다. 이렇게 해서 그들의 운명 같은 만남은 조금 더 뒤로 미루어진다.

마외가 몇 주일 뒤에 파리로 돌아오고 사르트르는 보부아르와 정식으로 인사한다. 마외가 돌아오고 난 뒤 그들 패거리들은 철학교수 자격시험의 구두시험에 대비하기 위해 모여서 공부를 한다. 이때 보부아르는 대학 기숙사에 있는 사르트르의 방으로 와서 라이프니츠에 대해 발표를 해달라는 부탁을 받는다. 드디어 보부아르가 정식으로 초청을 받은 것이다. 그러나 며칠이 지나자 그들은 라이프니츠에 대해서는 이제 충분히 알았다는 결론을 내린다. 그래서 갑자기 보부아르가 사르트르의 방을 다시 방문할 이유가 없어진다. 그러나 보부아르에게 이제 다시 올 필요가 없다고 말한 사람은 아무도 없었다. 오히려 사르트르는 보부아르를 편안하게 해주려고 오펜바흐J. Offenbach의 곡에 익살스러운 가사를 붙여 노래를 부르기도 한다. 그리고 루소J. J. Rousseau의 『사회계약론』으로 주제를 바꾸어 토의한다. 이때 보부아르는 사르트르와 논쟁을 벌이면서 그의 주장에 반박하려 했지만 결코 사르트르를 이길 수 없었다. 사르트르는 그곳에 있던 사람들보다 항상 더 많이 알고 있었기 때문이다. 이때를 회상하며 보부아르는 일기장에 "사르트르는 지식의 훌륭한 반려자다"라고 적는다. 사르트르 역시 당시의 보부아르를 자신의 완벽한 대화 상대자로 생각했다.

철학교수 자격시험의 필기시험 결과가 발표되면서 마외는 보부아르의 곁을 떠나고, 보부아르는 사르트르와 더욱 가까워진다. 마외가 시험에서 떨어졌지만 사르트르와 보부아르는 붙었기 때문이다. 사르트르는 보부아르에게 필기시험에 보부아르가 붙었다는 소식을 전하면서 "이제부터는 내가 당신을 책임지겠소"라고 말한다. 그들은 그 뒤로 구두시험을 준비하기 위해 자주 만난다. 이때를 돌아보며 보부아르는 당시에 사르트르와 보내지 않는 시간은 낭비라고 생각했으며, 잠자는 시간을 빼고는 항상 그와 붙어 있었다고 회고한다.

사르트르와 보부아르는 1929년에 철학교수 자격시험에서 각각 수석과 차석으로 합격한다. 사르트르는 수석을 차지함으로써 한 해 전에 시험에서 떨어진 아픔을 말끔히 씻는다. 그도 그럴 것이 한 해 전에 그의 둘도 없는 친구인 아롱R. Aron이 수석으로 합격했기 때문이다. 그러니까 사르트르는 그 이듬해에 수석으로 합격함으로써 어느 정도 체면을 세운 셈이다. 반면에 보부아르는 고등사범학교 출신도 아닌 여자의 몸으로 차석, 그것도 최연소로 합격한다. 더군다나 그 시험의 출제위원들로 참여한 교수들 가운데 한두 명은 사르트르의 답보다 보부아르의 답이 더 훌륭했다는 후일담을 남기기도 했다.

이렇게 사르트르와 보부아르는 철학교수 자격시험을 계기로 운명처럼 만난다. 다만 보부아르가 사르트르에게 갖는 관심은 모두 지식에 관한 것이었다. 사실 사르트르는 겉만 보면 여자에게 호감을 주는 그런 형은 아니다. 사르트르는 키가 아주 작았으며 어렸을 때 한 쪽 시력을 잃은 사팔뜨기였고, 얼굴은 울퉁불퉁했으며 머리털은 듬성듬성해지고 있었다. 그는 또한 지독한 담배 골초여서 치아와 손가락은 벌써 담뱃진으로 누렇게 물들어 있을 정도였다. 그렇지만 그의 낭랑한 목소리와 깊고도 풍부한 지식은 보부아르를 사로잡기에 충분했다.

철학교수 자격시험의 합격자 발표가 난 뒤 보부아르는 니장과 마외를 제치고 사르트르의 옆자리를 차지하는 특권을 누린다. 그리고 그들은 날마다 붙어 지낸다. 시험이 끝난 뒤 보부아르는 가족과 함께 시간을 보내려고 메리이냐크와 라 그리예르로 간다. 그러나 사르트르와 떨어져 한 달 정도를 그곳에서 보내야 하는 일이 보부아르에게는 큰 고통이었다. 이러한 보부아르의 마음을 알아차렸는지 사르트르는 아무런 예고도 없이 메리이냐크에 와서 보부아르를 만난다. 그리고 이들은 메리이냐크 들판에서 처음으로 같이 성관계를 가진다.

그들에게 문제는 보부아르의 부모들이었다. 보부아르는 식구들에게 사르트르의 예기치 않은 출현을 납득시켜야만 했다. 보부아르는 현재 사르트르와 함께 마르크스를 공부한다고 둘러댔다. 자신의 아버지가 공산주의를 몹시 싫어했기 때문에 혹시 사르트르와 만나는 것을 허락해줄지도 모른다는 계산에서였다. 그러나 아무런 소용이 없었다. 부모들은 보부아르의 말을 믿지 않았다. 만나지 말라는 자신들의 명령을 어기고 사르트르를 자꾸 만나자 보부아르의 부모들은 그들 사이에 끼어든다. 보부아르의 아버지는 사르트르에게 더는 자기 딸을 만나지 말라고 요구한다. 그러나 사르트르와 보부아르는 이런 충고를 고분고분 받아들일 정도의 관계를 이미 넘어서 있었다.

보부아르는 파리로 돌아오자마자 외할머니의 아파트로 거처를 옮긴다. 부모들의 감시에서

젊은 시절의 사르트르와 보부아르(1).

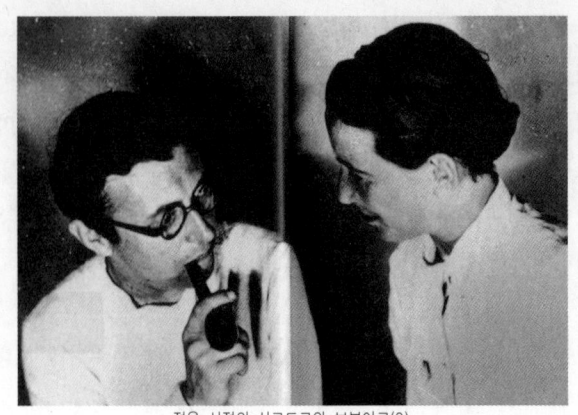
젊은 시절의 사르트르와 보부아르(2).

벗어나 자유로운 생활을 하려고 한 것이다. 거기에는 사르트르와 같이 보낼 수 있는 시간과 공간을 확보하려는 굳은 의지도 포함되었다. 보부아르의 방은 외할머니 방과는 꽤 떨어져 있었고, 외할머니는 가는귀를 먹은 상태였다. 따라서 사르트르가 보부아르의 방으로 몰래 와서 시간을 같이 보내기에는 안성맞춤이었다. 그들은 보부아르의 부모들에게서는 인정받지 못했지만 그들을 아는 사람들에게는 공공연하게 부부로 인정을 받는다. 이 모든 일은 놀랍게도 1929년 10월 한 달 사이에 일어났다.

계약결혼

사르트르와 보부아르는 곧 떨어져 지내야 할 상황에 놓인다. 사르트르가 군에 입대해야 했기 때문이다. 그는 철학교수 자격시험이 끝난 뒤에 보부아르에게 처음으로 결혼을 암시한다. 그러나 그 암시가 너무 애매해서 보부아르는 거기에 대해 아무런 대답도 하지 못한다. 사르트르가 정말로 결혼 얘기를 꺼냈는지, 보부아르가 잘못 들었는지조차 분명하지 않았다. 사르트르는 메리이냐크에서 보부아르의 부모들과 만난 뒤 보부아르에게 청혼을 해야 한다는 의무감에 사로잡힌다. 사르트르는 보부아르에게 결혼이 지닌 철학, 경제의 의미 등을 진지하게 얘기했다. 그렇지만 보부아르는 청혼을 거절한다. 그러자 보부아르와 같이 지내고 싶었던 사르트르는 입대하기 전에 보부아르에게 이런 제안을 한다. "우리 2년간 계약을 맺읍시다." 이 말 한 마디가 그 후 50년이 넘도록 그들의 관계를 규정한다. 계약결혼을 시작한 것이다.

어느 날 오후 우리는 니장 부부와 샹젤리제로 「아시아의 폭풍」이라는 영화를 보러 갔다. 우리는 그들과 헤어지고 카르제르 공원까지 걸어가서 루브르 박물관 한 쪽에 있는 돌 벤치에 앉았다. 어디에서 온 것인지 모를 고양이 한 마리가 울고 있었다. 어둠이 밀려왔을 때 손에 장갑을 쥔 한 여자가 다가와서 고양이를 다정히 쓰다듬으며 자루에서 먹이를 꺼내 고양이에게 주었다. 그때 사르트르가 '우리 2년간 계약을 맺읍시다'라고 제안했다.

사르트르와 보부아르가 맺은 계약결혼은 당시 사람들에게 큰 충격이었다. 특히 보부아르는 귀족 집안의 출신으로 세 살 때부터 친구들과 명함을 주고받는 분위기에서 자랐다. 그리고 그마저도 어머니가 허락한 친구들만 사귈 수 있었다. 게다가 당시의 시각으로 볼 때 딸에게 교육을 시키는 것은, 그저 그 딸이 결혼해서 현모양처가 되게끔 하기 위해서였다. 보부아르의 어머니는 두 딸의 교육에 대해서는 아주 엄격했고, 두 딸이 읽는 모든 책을 읽으며 거기에 담긴 내용을 검토하고 감시했다. 나중에 보부아르가 커서 중등교육을 받을 때 어머니는 딸이 배우는 영어와 라틴어를 배울 정도였다고 한다. 그러나 나중에는 집안이 기울어 보부아르의 아버지는 두 딸에게 "아마 너희들은 시집을 못 갈지도 모른다. 지참금이 한 푼도 없으니 말이다. 그러니 평생 혼자 살아갈 수 있도록 열심히 공부하고 직업훈련도 받아야 한다"고 말하기도 했다. 그리고 보부아르는 결국 혼자 사는 길을 택한다.

보부아르가 사르트르와 맺은 계약결혼은 당시 사람들의 눈으로 볼 때 폭풍과도 같은 파격이었다. 더군다나 사르트르와 보부아르가 맺은 계약결혼의 파격성은 계약 내용을 보면 더욱 두드러진다. 계약 내용을 자세히 알 수는 없지만 알려진 것만을 나열해보면 이렇다.

첫째, 그들은 서로 사랑하고 관계를 지키는 동시에 다른 사람과 사랑에 빠지는 것을 서로 허락한다는 데 동의한다. 그러니까 각자 다른 사람과 우연히 만나 사랑을 할 권리를 인정한 것이다. 아마도 그들은 당시에 이 조건으로 자신들이 남녀관계 속에서 어떤 종류의 홍역을 치를 것인가를 전혀 예측하지 못한 것 같다. 그들은 이 조건 때문에 계약결혼 생활 가운데 수많은 위기를 겪으며, 뭇사람들에게서 신랄한 비판을 받게 된다.

둘째, 상대방에게 거짓말을 하지 않으며, 어떤 것도 숨기지 않는다는 조건이다. 사르트르는 이 조건을 가장 중요한 조건으로 삼았다. 그러나 이 조건을 지키는 것도 쉽지 않았다.

셋째, 경제적으로 서로 독립한다는 것이다. 그들의 작품이 독자들의 호평을 받아 생활에 지장이 없을 때도 있었다. 그러나 그들에게는 부양할 식구들이 많았다. 그 결과 경제상황이 악화되었을 때는 이 세 번째 조건 역시 제대로 지키지 못한다. 그러나 위의 세 조건 가운데 가장 문제가 덜 되는 조건이다.

이렇게 해서 그들은 1929년 11월부터 계약결혼에 접어든다. 그러나 사르트르는 군에 가야했고, 보부아르는 파리에 남아야 했다. 보부아르는 철학교수 자격시험에 합격했지만 아직 발령을 받기 전이어서 중학교 학생들에게 라틴어를 가르치거나 대학입학 자격시험을 준비하는 학생들의 과외수업을 하면서 생활을 꾸려 나갔다. 사르트르가 훈련을 마치고 투르에서 근무를 하게 되자 보부아르는 사르트르를 만나러 주말마다 투르로 가서 사랑을 나눈다. 1931년에 사르트르는 군복무를 마치고 일본에 가서 1년간 가르치는 일을 하려고 마음을 먹었다. 그러나 일이 여의치 않아 르 아브르라는 프랑스의 북부 도시로 간다. 그곳에 있는 한 고등학교로 발령을 받은 것이다. 반면에 보부아르는 프랑스 남쪽 끝에 있는 마르세유에 있는 한 고등학교로 발령을 받아 첫 교편생활을 시작한다. 그들은 그야말로 프랑스의 북쪽 끝과 남쪽 끝에 배정을 받았다. 그들 사이에는 800km 이상의 거리가 놓여 있었다.

사랑의 열병에 빠지자마자 이처럼 멀리 떨어져야 한다는 생각에 보부아르는 매우 의기소침해했다. 마르세유로 가기 전에 보부아르의 상태는 거의 히스테리 자체였다. 그런 보부아르에게 사르트르는 결혼을 제안한다. 사르트르와 멀리 떨어져 혼자 지내야 하는 사실에 두려움마저 느낀 보부아르에게 결혼은 해결책이었다. 그도 그럴 것이 교편생활을 그만두지 않는 이상 결혼만이 그들을 갈라놓는 거리를 줄이는 유일한 방책이었기 때문이다. 특히 당시에 결혼한 교사 부부는 반드시 같은 지역에 배정을 받는 것이 원칙이었다. 그러나 보부아르는 이번에도 결혼 제안을 거절한다. 이 거절의 이유 속에는 자식에 대한 문제가 포함되었다. 사르트르 역시 자기가 아버지가 되면 앞으로 낳게 될 자식을 억압하고 권위에 찬 아버지가 될 것을 염려해 결혼을 하지 않았다. 그러나 보부아르는 여자로서 자식을 키우는 일과 가사에 커다란 의미를 두지 않았다. 아기를 싫어하지는 않았지만 흥미를 느끼지도 못했으며, 아기에게 젖을 물리거나 기저귀를 갈아주는 여자들을 보면 혐오감을 느끼기까지 했다. 자식에게 모든 정성을 쏟고 자식의 노예가 될 생각은 눈꼽만큼도 없었다. 그리고 작가가 되기 위해서는 많은 시간과 노력을 자신에게 써야 한다고 일찍부터 판단했다.

이제 어떻게 할 것인가? 결국 사르트르는 보부아르에게 그들의 계약을 적어도 30세가 될 때까지 연장하자는 제안을 한다. 보부아르가 생각하기에 30세까지 같이 지낸다는 것은 백년해로를 하는 것과 마찬가지였다. 왜냐하면 그 당시만 하더라도 여자 나이 30이면 늙었다는 것이 통념이었기 때문이다. 자신들의 계약결혼 기간을 늘리자는 사르트르의 제안을 받은 보부아르는 불안한 마음을 어느 정도 진정시킨다. 그러나 보부아르는 사르트르를 떠나 혼자 쓸쓸히 마르세유로 향하던 1931년을 자기 인생에서 '가장 불행한 해'로 기억한다.

하지만 그 이후 1932년 10월에 보부아르는 루앙에 있는 잔다르크 고등학교에 배정을 받는다. 따라서 그들이 만날 수 있는 기회는 훨씬 더 많아진다. 그러나 그런 만큼 예전에는 드러나지 않던 상대의 버릇들로 가끔 서로 부딪친다. 사르트르는 지나치게 옷차림에 신경을 썼다. 그 자신이 못생겼다는 사실 때문에 겪는 불편함을 보상받으려는 심리가 작용했다고 할 수 있다. 그러나 평소부터 소탈함과 수수함의 대명사인 보부아르는 사르트르의 그러한 강박관념을 이해하지 못했다. 사르트르는 보부아르의 옷이 더럽다거나 스타킹이 찢어졌다는 이유로 함께 외출하는 것을 거절하기도 했다.

사르트르는 사물이나 사건을 종합해서 그것을 언어로 표현하려는 이른바 관념론적 태도를 항상 견지했다. 물론 그는 오랫동안 견지해온 관념론적 태도를 뒤늦게 『말』에서 스스로 비판한다. 그러나 보부아르는 사르트르의 이런 태도에 불만이었다. 보부아르는 현실은 언어로 설명할 수 없을 정도로 복잡하고 애매하기 때문에 항상 그 현실에 깊이 파고들지 않으면 안 된다는 생각을 했다. 그러나 그들이 이런 차이를 극복하는 데는 그렇게 힘이 들지 않았다. 왜냐하면 함께 생각하든 따로 생각하든 그들은 결국 같은 결론에 도달했기 때문이다. 이처럼 그들이 맺은 계약은 '정열'보다는 오히려 '진실'에 바탕을 둔 계약이었다.

그러나 사르트르와 보부아르의 계약결혼이 순풍에 돛 단 듯 아무런 문제없이 진행된 것은 아니다. 그들은 살아가면서 수많은 위기를 넘긴다. 몇몇 위기를 간략하게 살펴보도록 하자.

첫 번째 심각한 위기는 올가 코사키에비치Olga Kosakievich 때문에 일어난다. 보부아르는 이 위기 이전에도 사르트르가 사귄 모렐 부인, 시몬 졸리베, 베를린 프랑스 연구소 체류시절에 만난 '달의 여인'이란 별명을 지닌 프랑스 여자 등, 사르트르 주변의 여자들 때문에 괴로워한 적이 한두 번이 아니었다. 특히 사르트르가 자신의 여성 편력을 보부아르에게 모두 말할 때는 더욱 그랬다. 그렇다고 보부아르가 다른 남자와 성관계를 갖지 않은 것은 아니다.

그렇지만 러시아 출신인 올가가 사르트르와 보부아르 사이에 끼어들면서 그들의 관계는 본질적으로 변한다. 보부아르는 올가가 발산하는 젊음을 좋아하고 부러워했으며, 심지어는 올가와 동성애 관계를 유지할 정도로 가까워졌다. 베를린에서 돌아와 올가를 알게 된 사르트르 역시 올가가 지닌 젊음, 순수한 반항심, 때 묻지 않은 감수성에 완전히 사로잡혀 사랑에 빠진다. 사르트르는 이때를 돌아보며 1935년 3월부터 1937년 3월까지를 '광기와 올가에 대한 정열로 절망에 빠진 시기'로 규정한다. 서로를 버릴 수 없었던 사르트르와 보부아르는 올가를 자신들의 관계 속으로 끌어들여 삼각관계를 만든다. 사르트르와 보부아르의 관계가 이렇게 바뀌었다는 사실은 이미 그들 사이의 계약결혼이 심각한 위기에 빠진 것을 뜻한다. 사르트르는 파리에서 북동쪽으로 한 시간 정도 떨어진 라옹으로 전근하고, 보부아르는 파리에 있는 몰리에르 고등학교로 전근한다. 이렇게 사르트르와 보부아르의 물리적 거리는 더 가까워진다. 그러나 올가의 개입으로 계약결혼을 맺은 그들의 관계는 차츰 걷잡을 수 없는 소용돌이에 휩싸인다.

이러한 상황에서도 사르트르는 1938년에 『구토』를 발표해 일약 장래가 촉망되는 작가의 길로 들어선다. 반면에 보부아르의 『초대받은 여자』는 갈리마르 출판사에서 두 번에 걸쳐 거절을 당하고 1943년에서야 출간된다. 이처럼 자신들의 인생에서 희비가 엇갈리는 때에도 사르트르와 보부아르의 여성 편력과 남성 편력은 잦아들지 않는다. 사르트르는 올가의 동생인 완다, 보부아르의 제자인 비앙카 비넨펠드, 러시아 출신 나타샤 소로키네 등과 관계를 맺었고, 보부아르는 사르트르의 제자였던 자크 로랑 보스트 등과 관계를 맺는다. 이와 같은 상황에서 그들의 계약결혼이 위기에 놓이는 것은 뻔한 일이었다. 그들은 자신들의 관계를 재정립할 필요성을 느낀다.

사르트르와 보부아르는 해마다 10월이면 1929년에 성사한 계약결혼을 조촐하게 기념하곤 했다. 1939년의 기념일, 모렐 부인의 별장에서 단둘이 어둠 속에 앉아 있을 때 사르트르가 보부아르에게 이렇게 말한다. "우리는 이제 계약이 필요 없소 우리는 영원히 함께 있을 것이고 또 그래야만 할 거요 우리가 서로 이해하는 만큼 우리를 이해하는 사람은 아무도 없으니까 말이오." 보부아르는 너무 뜻밖의 제안에 어리둥절했으나 곧 제안을 받아들인다. 보부아르는 마침내 소녀시절에 꿈꾸던 사랑과 결혼을 실현하게 된 것이다.

> 시몬은 풍부한 지식을 가진 남자와 결혼해서 함께 책을 읽고 공부하며 시간을 보내는 것을 꿈꾸었다. 햇살이 가득 찬 방에 책상 두 개를 나란히 놓고 남편과 함께 앉아서 책을 읽고 쓰는 것이 보부아르가 꿈꾸는 이상이었다. 이 묘사는 보부아르의 미래를 무서울 만큼 정확하게 예견했다. 시몬은 실제로 오랫동안 장 폴 사르트르와 함께 바로 이런 생활을 꾸려 나간 것이다.

그러나 그 뒤에도 사르트르와 보부아르의 관계는 여러 차례에 걸쳐 위기에 놓인다. 한 번은 사르트르가 1945년 미국을 방문했을 때 만나게 된 돌로레스 바네티Dolorès Vanetti가 이들의 생활을 위협한다. 보부아르는 이 여자에 대해 정말로 '두려움'을 느꼈다고 고백한다. 사르트르는 『현대』지誌와 자신의 자전 소설인 『말』을 헌정할 정도로 돌로레스에게 푹 빠졌다. 돌로레스 때문에 사르트르는 '보부아르에게 모든 것을 말한다'는 계약 조건을 처음으로 어기기도 한다.

또 한 번의 위기는 보부아르 때문에 일어난다. 보부아르 역시 미국을 방문했을 때 넬슨 앨그렌Nelson Algren이라는 미국 작가를 만나는데, 그녀는 앨그렌을 통해 진정한 육체의 쾌락에 눈뜨게 된다. 보부아르는 남녀의 사랑이 얼마만큼 뜨거울 수 있는지 알게 된다. 보부아르가 진심으로 자신의 '남편'이라고 부른 앨그렌과 맺은 관계에 대해서 사르트르는 별다른 반응을 보이지 않는다. 괴로움을 느낀 것은 오히려 보부아르였다. 한 때 보부아르는 미국으로 건너가서 앨그렌과 살기 위해서라면 평범한 주부 노릇도 받아들이겠다고 할 정도로 그에게 빠진다. 그런 만큼 다시 사르트르 곁으로 돌아오기까지 상당한 어려움을 겪은 것이다.

사르트르와 보부아르의 관계가 다시 한번 위험에 처하게 된 것은 사르트르가 아를레트 엘카임을 양녀로 삼았을 때이다. 보부아르는 사르트르의 막대한 저작권에 대한 상속권이 아를레트에게 넘어가는 것을 보고 사르트르에게 배신감을 느낀다. 그도 그럴 것이 그들 둘레에는 먹여 살려야 할 가족이 많았기 때문이다. 그러나 보부아르 자신도 머지않아 이 세상을 떠나게 될 것이고 상속권을 그녀에게 주어도 그녀 역시 곧 그 상속권을 다른 사람에게 넘겨주어야 할 것이라는 사르트르의 설명을 듣고서 그를 이해한다. 그리고 보부아르 역시 얼마 지나지 않아 실비 르 봉을 자신의 양녀로 삼는다. 보부아르의 결정에 보부아르의 동생인 엘렌 역시 서운함을 느낀다. 이때 보부아르가 엘렌의 서운함을 달래주기 위해 사르트르가 아를레트를 자신의 양녀로 삼으면서 한 말을 해준다.

계약결혼 상태를 지속하던 사르트르와 보부아르의 관계를 위협한 마지막 위기는 사르트르가 죽기 얼마 전에 고용한 비서 베니 레비Benny Lévy 때문에 일어난다. 유대인인 그는 말년의 사르트르 곁에서 지내며, 건강이 악화되어 제대로 움직이지도 못하고 거의 앞을 볼 수 없는 사르트르를 바로 옆에서 돌본다. 레비는 사르트르에게 사르트르 자신의 과거 사상에 대해 소위 자기비판을 시키는데 이러한 레비의 행동에 보부아르는 격분한다. 왜냐하면 보부아르는 특히 『존재와 무』로 대표되는 사르트르의 전기 사상에 대해 강한 애착을 가졌기 때문이다. 따라서 사르트르가 레비의 요구대로 자기의 과거를 돌아보면서 비판한다는 것은, 곧 보부아르도 자신의 과거가 옳지 않았다는 것을 스스로 인정해야만 한다는 뜻이었

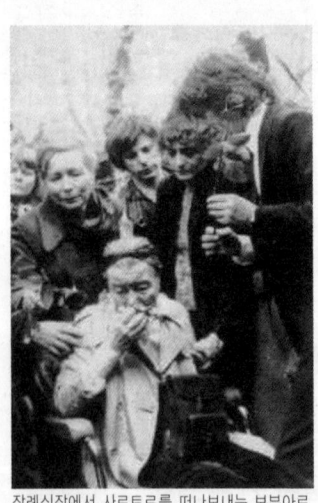
장례식장에서 사르트르를 떠나보내는 보부아르.

다. 다시 말해 그들이 함께 반세기 정도에 걸쳐 쌓은 삶을 하루아침에 무너뜨려야 하는 것이다. 더군다나 레비는 사르트르의 양녀인 아를레트와 아주 가까이 지내기도 했으며, 아를레트와 공모해 보부아르를 경계하기도 했다.

그러나 사르트르와 보부아르는 이와 같은 모든 위기를 견뎌내 계약결혼으로 맺은 자신들의 관계에 끝까지 충실했다. 한 명이 죽기 전에는 절대 헤어지지 않는다는 약속을 끝까지 지킨 것이다.

계약결혼의 이상과 현실

공통된 시각

1929년도 철학교수 자격시험에 합격하고 빠르게 가까워진 사르트르와 보부아르는 온갖 주제로 수많은 대화를 한다. 이때 보부아르의 관심을 끈 것은 사르트르가 보부아르에게 보여 준 태도였다. 여태까지 보부아르가 알던 다른 사람들은 늘 보부아르의 지나친 자기 관심, 자기 몰두에 조바심을 내곤 했다. 그들은 보부아르를 자기들의 체계 안으로 끌어들이려 애썼지만 보부아르가 쉽게 넘어가지 않자 짜증을 냈다. 그런 반면 사르트르는 항상 보부아르 편에서 보부아르를 이해하려고 했다. 이러한 태도에 보부아르는 편안함을 느꼈다.

또한 보부아르는 사르트르가 지닌 관례·계급·직업·가정·의무 등에 대한 거부, 이른바 일상의 삶, 특히 부르주아의 삶에 대한 거부에서 공통점을 발견한다. 물론 보부아르가 처음부터 결혼을 하지 않고 아이를 낳지 않겠다는 생각을 한 것은 아니다. 엄격한 가정교육을 받으며 엄격한 기독교 분위기에서 자라난 얌전한 소녀인 보부아르는 친척 오빠인 자크를 사랑했고 그와 결혼을 생각했었다. 그러나 보부아르는 사르트르를 포함한 3인방과 그들 주위 사람들을 만나면서 가정을 꾸리는 것을 거부하고, 모험과 여행을 즐기고, 그 어디에도 안주하지 않는 삶을 살고자 한다.

사르트르와 보부아르는 서로 알아가는 과정에서 자신들을 그 무엇보다도 끈끈하게 잇는 강한 공통분모를 확인한다. 그것은 다름 아닌 '말', 즉 '대화'와 '글쓰기'에 대한 열정이다. 보부아르는 1986년 어느 날 자신의 전기를 쓴 데어드르 베어 Deirde Bair와 한 인터뷰에서 자신과 사르트르 사이의 열정이 그토록 오래 간 것은 아마 글쓰기에 대한 열정 때문이었을 것이라고 말한다. 이 '말' 가운데서도 '글쓰기', 곧 문학에 대한 열정은 그들을 50여 년 이상 이어준 가장 확실한 끈이었다. 사르트르는 "하얀 종이만 보면 반드시 거기에 무엇인가 써넣으려고 했다"고 자신을 소개할 정도로 문학은 그의 전부였고, 살아가는 까닭이자 구원의 수단이었다. 보부아르 역시 문학에 대해 남다른 열정을 지녔으며, 그 때문에 자신이 늘 '예외 존재'라고 느꼈다. 보부아르는 자신이 지닌 문학에 대한 열정과 사르트르가 지닌 열정의 유사성을 이렇게 말하고 있다.

> 사르트르가 자신하고 내 눈에도 확실한 그의 진정한 우월함은 문학 작품을 위해 열정을 쏟는 그의 태도였다. 예전에 나는 크리켓이나 공부를 열심히 하지 않는 아이들을 경멸했다. 그런데 나는 여기서 내 격렬한 열정을 보잘 것 없는 것으로 보는 사람을 만난 것이다. 사르트르와 견주면 내 열정은 부끄러울 뿐이다. 나는 늘 내가 예외 존재라고 믿었다. 나는 글을 쓰지 않고 사는 것은 의미가 없다고 생각해 왔다. 그런데 그는 오로지 글을 쓰기 위해서만 살았다.

앞에서 사르트르와 보부아르의 만남이 지식 교환의 성격이 강한 만남이라는 사실을 지적한 바 있다. 이미 철학교수 자격시험의 구두시험을 준비하는 과정에서 사르트르의 뛰어난 지식에 강한 매력을 느낀 보부아르는 둘이서 마음껏 대화를 나누게 되었을 때 사르트르에게서 더욱 매력을 느낀다. 물론 보부아르가 사르트르에게서만 그러한 매력을 느낀 것은 아니다. 고등학교 때부터 혹독한 지식 훈련을 받은 니장, 마외, 아롱과 만나면서 보부아르는 그들이 이미 확고한 교양과 지식을 지녔으며, 그들이 각각 미래에 쓸 책도 괜찮을 것이라고 짐작한다.

그러나 보부아르는 그들 가운데서도 특히 사르트르의 탁월함을 여러 차례 체험한다. 한 번은 뤽상부르크 공원에 있는 분수 앞에서 사르트르에게 윤리의 문제에 대한 자신의 생각을

몽파르나스에 있는 사르트르와 보부아르의 묘지.

펼쳐 보인다. 그러나 보부아르는 사르트르에게 강한 비판을 받는다. 보부아르는 세 시간에 걸쳐 완강하게 자신의 주장을 변호했으나 결국 자신의 패배를 인정한다. '태어나서 처음으로 그 누구보다 지식이 뒤진다고 느낀' 것이다. 이처럼 보부아르는 사르트르의 지식에 강하게 끌리며 자신과 그 사이에서 공통점을 발견한다. 이처럼 보부아르는 사르트르와 만나면서 '사르트르가 자신의 삶에서 영원히 떠나지 않으리라는 사실'을 확신한다. 실제로 보부아르는 영원히 그의 곁을 떠나지 않았다. 보부아르는 죽어서도 가족 묘지에 묻히기를 거절하고 몽파르나스 묘지에 사르트르와 나란히 묻혔다.

사르트르의 사랑관

이처럼 사르트르와 보부아르의 관계는 그들 사이에 형성된 지식의 공감대를 통해 계약결혼으로까지 발전한다. 그러나 서로 필요한 지식을 받아들이는 것만으로 50여 년의 세월 동안 계약결혼 상태를 유지할 수 있었던 것은 아니다. 그보다는 그들에게 세계를 바라보는 공통된 시각이 있었기 때문에 가능한 일이었다.

　　내 삶에서 성공을 거두었다고 할 수 있는 부분이 있다. 사르트르와 나눈 대화들이 그렇다. (……) 세계를 이해하기 위해 우리들은 같은 도구, 같은 체계, 같은 열쇠를 사용했다. 때때로 한 사람이 시작한 문장을 다른 사람이 끝맺기도 했다. 누군가 우리들에게 질문을 던지면 우리들은 똑같은 답을 할 때도 있었다. (……) 각자의 지식 작업 속에서 서로를 알아보는 것은 별로 놀라운 일이 아니었다. 나는 1952년경에 사르트르가 적은 쪽지를 최근에 읽은 적이 있다. 물론 나는 그것을 모르고 있었다. 그러나 나는 그 쪽지에서 10여 년 뒤에 내가 『회고록』에서 쓴 대목들을 거의 글자 그대로 다시 찾아볼 수 있었다.

　그러나 보부아르는 세계를 보는 자신의 시각을 체계 있게 정리하지 않았다. 물론 『애매성의 도덕을 위하여』와 사르트르가 1952년을 전후에서 메를로퐁티M. Merleau-Ponty와 헤어지려고 할 때 사르트르를 옹호하면서 쓴 「메를로퐁티와 의사擬似-사르트르주의」가 있기는 하다. 그러나 결국 보부아르는 사르트르의 『존재와 무』처럼 자신의 사유를 체계 있게 정리한 책을 쓰지 못하고 『존재와 무』로 대표하는 사르트르의 전기 사상을 자기 것으로 받아들인다. 따라서 주로 사르트르의 전기 사상에 입각해서 그가 보부아르와 맺은 계약결혼의 철학 의미를 살펴보기로 하자. 이를 위해서 계약결혼 조건들의 핵심인 '사랑에 관한 조건'과 '모든 것을 다 털어놓는다는 조건'을 주로 살펴보겠다.

먼저 사르트르가 '사랑(amour)'에 대해 어떤 의미를 부여하는지 살펴보자. 이를 위해서는 그의 전기 철학을 대표하는 『존재와 무』의 제3부인 '대타존재(L'Etre-pour-autrui)' 부분을 주목해야 한다. 그는 이 책에서 대자존재로서 인간인 내가 즉자존재의 사물과 맺는 관계를 설명한 뒤에 '나'와 '타자'의 관계를 다루면서 사랑을 이 관계들 가운데 하나로 다루었다. 사르트르에 따르면 인간은 이 세상에 아무런 까닭 없이 내던져진 존재이다. 즉, 우연의 존재, 무상의 존재, 잉여의 존재인 것이다. 이런 결론에 다다른 것은 학문의 가정으로 사르트르가 신(神)의 부재를 내세웠기 때문이다. 그렇기 때문에 사르트르의 사유 체계에서 인간은 항상 존재이유를 찾기 위해 평생을 고뇌한다. 인간이 태어나면서 떠안는 이와 같은 실존의 조건을 사르트르는 인간이 신이 되고자 하는 욕구로 요약한다.

또한 신은 대자(pour-soi)와 즉자(en-soi)의 결합(fusion), 곧 대자-즉자(pour-soi-en-soi)의 결합 방식으로 존재한다. 인간의 존재 방식은 대자이기 때문에 그는 자기가 지니지 못한 즉자를 찾아 신의 존재방식에 이르려고 평생 노력해야만 한다. 그러나 인간은 결국 그 단계에 도달할 수 없다. 왜냐하면 인간이 대자인 동시에 즉자로 존재하는 것은 모순이기 때문이다. 다시 말해 인간이 살아 있으면서 동시에 죽을 수는 없는 것이다. 이러한 뜻에서 사르트르는 인간을 '쓸데없는 정열(passion inutile)'로 규정했다. 따라서 인간은 대자-즉자의 결합을 실현할 수 없고 인간의 개인사는 그 누구의 것이든지 간에 '실패(échec)'의 역사일 수밖에 없다.

그런데도 인간은 자신의 존재이유를 찾기 위해 끊임없이 노력한다. 사르트르가 바라보는 인간이 처한 상황은 무거운 돌을 정상으로 끊임없이 밀어 올려야만 하는 시시포스Sisyphe의 상황과 같다. 이러한 상황에서 인간은 다음과 같은 세 가지의 형태로 행동한다. 첫 번째 형태는 자기 자신을 사물 같은 존재로 여기는 것이다. 예컨대 우리는 아주 힘들 때 '바보가 되었으면' 하고 생각할 수 있다. 아무 생각도 하고 싶지 않은 것이다. 하지만 이는 어려움을 정면으로 맞지 않으려는 도피 성향이 강하다. 사르트르는 이러한 형태를 진정하지 못한 태도로 일축하면서 강하게 비판한다.

두 번째 형태는 인간 스스로 존재이유를 가지고 있다고 생각하는 것이다. 『구토』의 배경이 된 부빌이라는 도시의 부르주아들이라든가, 「어느 지도자의 유년 시절」에 등장하는 뤼시앵 등은 태어나기 전에 이미 자신들이 존재할 권리가 이 세계에 마련되었다고 생각한다. 사르트르는 이러한 형태를 자기기만의 형태로 취급하면서 통렬하게 비판한다.

세 번째 형태는 자기 아닌 다른 사람에게로 관심을 돌리는 것이다. 그도 그럴 것이 사르트르에 의하면 타자는 나의 존재 이유를 담고 있는 자이기 때문이다. 사실 타자의 존재는 사르트르가 들고 있는 존재의 세 영역 가운데 하나다. 다른 두 영역은 대자의 방식으로 존재하는 인간과 즉자의 방식으로 존재하는 사물이다. 사르트르는 『존재와 무』에서 타자를 다루면서 이 문제를 타자의 존재와 타자와 내가 맺는 관계로 나누어 기술한다. 사르트르는 사랑을 이 두 문제 가운데서도 나와 타자가 맺는 관계에 포함해 다룬다.

사르트르의 사유 체계에서 인간은 항상 주체성(subjectivité)을 유지해야 한다. 그래야만 인간이 이 세계의 중심을 구성할 수 있기 때문이다. 또한 인간은 그 상태에 머무르면서 자기 자신을 포함한 이 세계에 존재하는 모든 것에 대해 의문을 던지고, 의미를 부여한다. 따라서 인간은 이 세계에 있는 존재들에 대해 막중한 책임을 지며 인간이 만물의 영장이라는 사실을 보여준다. 그러나 이것 또한 인간이 겪어야만 하는 고뇌의 이면裏面이다. 사르트르는 괴롭고 힘들다고 해서 주체성의 유지를 포기하는 것은 진정한 삶이 아니라고 규정한다. 또한 사르트르는 사람의 주체성을 자유, 초월의 개념과 거의 같은 의미로 사용한다.

사르트르는 사람들이 만나면 항상 '갈등(conflit)'과 '투쟁(lutte)'이 나타난다고 한다. 왜냐하면 사람은 각자 주체성을 지녀야 하는데, 다른 사람들도 주체성을 지녀야 하기 때문이다.

다른 사람을 만나면 그들은 서로 주체성을 객체성으로 바꾸려는 노력을 한다. 다시 말해 인간은 자신의 주체성을 지키기 위해 상대방을 먼저 객체화하려고 노력한다. 거기에서 사람들 사이에 갈등과 투쟁이 생기는 것이다.

사르트르는 갈등과 투쟁이 그들의 '시선(regard)'를 통해 생긴다고 보았다. 왜냐하면 내가 타자를 객체화하려고 할 때 내가 쓰는 무기가 바로 시선이기 때문이다. 나는 시선을 통해 타자의 몸을 바라봄으로써 그를 객체화한다. 더군다나 사르트르에 따르면 시선은 그것의 주체가 누구든지 그 끝에 와 닿는 모든 것을 객체화할 수 있는 '힘'이 있다고 한다. 따라서 이 세계에 나와 타자가 우연히 만나면 시선을 통해 서로 객체화하려고 시선의 투쟁을 벌인다.

이처럼 서로 만나자마자 상대방을 자신의 시선으로 객체화하려고 한다는 점 때문에 사르트르는 타자를 나의 '지옥地獄'으로 규정한다. 그러나 타자는 나를 객체화하려고 하는 동시에 내 존재근거를 마련해주기도 한다. 왜냐하면 타자는 나를 바라봄으로써 나에게 나의 본성을 깨닫게 하기 때문이다. 즉, 타자가 나를 바라봄으로써 내가 누구인지, 내가 어떤 사람인지를 내가 알게 하는 것이다. 따라서 내가 누구인지 알기 위해서는 반드시 타자를 거쳐야만 한다. 사르트르는 타자를 '나 자신과 나 사이를 연결하는 꼭 필요한 중재자'로 규정한다. 이처럼 사르트르의 사유 체계에서 타자는 나에 대해 이중의 지위를 가지고 있다.

사르트르에 따르면 사랑은 타자와 내가 모두 주체성의 상태를 유지하면서 맺는 관계이다. 다시 말해 나와 타자가 사랑의 관계를 맺으려면 나와 타자 모두 자신의 주체성을 지켜야만 한다. 그리고 사랑을 통해 얻고자 하는 것은 바로 '나'라는 잉여존재의 정당성이다. 사르트르는 사랑의 이상이란 '그냥 여기에 있는 내'가 사랑을 매개로 타자에게 꼭 필요한 존재로 여겨지는 상태라고 했다. 그러니까 사랑의 주체인 나는 타자를 사랑함으로써 잉여존재에서 벗어나려고 하는 것이다.

사랑받기 이전에 우리는 우리 자신의 존재라고 하는, 이유 붙일 수 없는 혹에 대해서 불안해했다. 그러나 우리가 우리 자신을 남아도는 것으로 느끼고 있던 것과는 반대로, 우리는 이제 우리 자신의 존재가 매우 사소한 것에 있어서까지도 하나의 절대 자유에 의해서 다시 추구되며 욕구의 대상이 됨을 느낀다. 또한 그와 동시에 우리 자신의 존재는 타자의 이 절대 자유를 조건짓고, 우리 자신의 자유를 가지고 타자의 절대 자유를 원하고 있는 것이다. 사랑의 기쁨, 즉 우리가 존재하고 있다는 것이 정당화되고 있음을 느낀다고 하는 이와 같은 사랑의 기쁨이 있다면, 그곳에야말로 사랑의 기쁨의 근거가 있는 것이다.

그런데 사랑은 상호관계이다. 즉, 타자를 사랑하는 나는 타자에게 나를 사랑할 것을 요구한다. 이러한 요구에 타자가 응

할 때 나를 사랑하는 자로서 그 타자 역시 나에게는 필요한 존재이며, 그 결과 그의 잉여존재 역시 정당성을 지닌다. 물론 사랑 역시 각자 주체성을 지닌 채로 이루어진다. 그래서 '우리들-주체(nous-sujet)'가 탄생한다. 사랑의 관계에서는 '우리들'이라는 호칭이 아주 중요한 가치를 지닌다. 즉, 나와 타자는 사랑을 통해 '나'와 '너'의 구분을 없애고 '우리들'로 하나가 된다. 이것이 사랑의 목표이다.

계약결혼의 바탕에는 이와 같은 사르트르의 사랑관이 놓여 있다. 그들은 계약결혼을 통해 서로 주체성을 인정하면서 '우리들-주체'를 구성하려고 노력했다. 이것은 몇 가지 사실을 통해 확인할 수 있다. 우선 사르트르와 보부아르는 계약결혼을 유지하면서 서로를 '당신(vous)'이라고 부른다. 보통 젊은 연인은 사이가 가까워지면 가까워질수록 '너' 또는 '나' 등의 '해라체'를 쓴다. 물론 이러한 호칭은 친근감의 표현이자 그들 사이를 좁히는 수단이다. 그러나 사르트르와 보부아르는 일상생활에서도 항상 '당신'이라는 호칭을 썼다. 이것은 그들 각자가 상대방을 한 명의 온전한 인격체로 인정한다는 의미이다. 그들이 서로에게 보여준 이러한 태도는 가능한 한 서로를 객체화하지 않으려는 노력의 일환으로 보인다. 결국 '당신'이라는 호칭은 주체성을 지닌 두 사람이 '우리들'로 나아가는 출발점이라고 할 수 있다.

사르트르와 보부아르는 50여 년 동안 계약결혼을 유지하면서 많은 시간을 같이 보냈다. 그러나 사르트르가 르 아브르로 가고 보부아르는 마르세유로 가서 근무를 했던 기간, 사르트르가 군복무를 했던 기간, 그가 베를린 프랑스연구소에서 머물렀던 기간, 제2차 세계대전으로 사르트르가 동원되어 독일군에게 포로로 잡혔다가 석방된 때까지의 기간, 그리고 그들이 각자 외국으로 여행해 떨어져 있던 기간에는 떨어져 지냈다. 사르트르가 세상을 떠나고 난 뒤 보부아르는 1983년에 서둘러서 그가 보부아르와 다른 여자들에게 보낸 편지를 출간한다. 그리고 보부아르가 사르트르에게 보낸 편지도 보부아르가 죽은 뒤 보부아르의 양녀인 실비 르 봉이 출간한다. 이렇게 출간된 편지를 통해 그들이 서로에게 부여한 의미가 어떤 것이었는지를 유추해볼 수 있다.

사르트르와 보부아르는 편지에서도 상대방을 지칭할 때 여전히 '당신'이라는 호칭을 쓴다. 그리고 사르트르는 보부아르를 "나의 작은 절대" "나보다 더 확실한 당신", 혹은 "당신이 곧 나예요" "아니, 당신은 나보다 나아요" 등의 표현을 자주 쓴다. 보부아르 역시 사르트르에게 답장을 하면서 이와 비슷한 표현들을 쓴다. 물론 이를 그저 연인들이 은밀한 감정을 표현하는 형식과 의례로 이해할 수도 있다. 그러나 사르트르의 사랑관을 고려한다면 위의 호칭들을 좀 더 넓게 해석해도 무리는 없을 것이다. 그러니까 그들이 사용하는 위와 같은 표현들이 비록 사소해 보일지라도, 그들 각자가 지닌 사랑의 철학적 의미, 즉 서로를 주체성의 상태에 두고서 그들 사이의 관계를 유지하고자 한 노력의 표현이라고 말이다.

사르트르와 보부아르는 서로 이 세상 그 누구보다도 더 확실한 협력자와 비판자의 역할을 수행했다. 그들은 각자 사유체계를 정립하거나 자신들의 작품을 써나가는 과정에서 항상 자신의 원고를 상대가 읽어줄 것을 부탁했다. 그러면서 그들은 서로 격렬하게 비판하기도 하고 격려하기도 했다. 앞에서 그들의 계약결혼이 육체의 정열보다는 정신의 정열에 더 비중을 두고 있다는 사실을 지적한 바 있다. 이에 걸맞게도 그들의 계약결혼이 지닌 가장 바람직한 측면은 바로 그들 각자의 창작 과정에서 보여준 서로 비판하며 협력한 자세가 아닌가 싶다. 실제로 사르트르는 보부아르에게 "모든 것을 빚지고 있다"고 말했다. 또한 보부아르를 "나보다 나를 더 잘 아는 사람" "나의 재판관" "나의 검열관" "인쇄를 허가하는 사람" 등으로 불렀다. 보부아르 역시 작품을 쓰는 과정에서 사르트르에게서 수많은 격려와 도움을 받았다. 가령 보부아르의 역작인 『제2의 성』 역시 사르트르의 끊임없는 관심과 격려 속에서 태어난 것이다. 이와 같은 사실은 지식 면에서 그들이 평생 어느 정도까지 긴밀한 관계를 유지했는지를 여실히 보여준다.

사르트르는 인간들이 맺는 관계에서 나와 타자 쌍방이 모두 주체성을 지니고 맺으려는 사랑은 끝내 실패로 끝난다고 털어놓는다. 그런데도 사르트르와 보부아르가 계약결혼을 통해 맺은 사랑은 인간관계의 이상을 정립하려는 그들의 노력의 소산이라고 해도 무방하다. 그들이 이와 같은 관계를 끝까지 밀고 나가서 성공했느냐 실패했느냐 하는 것은 다른 문제다.

중요한 것은 그들이 50여 년에 걸쳐 자신들의 목표를 실현하려고 끝까지 노력했다는 점이다. 아마 그들이 계약결혼에 대해 위와 같은 확고한 의미를 부여하지 않았다면 그들이 맞은 여러 차례의 위기를 극복하지 못했을 것이다.

사르트르의 언어관

사르트르와 보부아르의 계약결혼에서 중요한 계약 조건들 가운데 하나는 서로 거짓 없이 모든 것을 말해야 한다는 것이다. 이 조건을 더 잘 이해하기 위해 사르트르가 '언어'에 부여한 철학의 의미를 살펴보도록 하자. 그에 따르면 언어는 앞에서 정의한 '사랑'과 대단히 비슷하다. 언어는 사랑을 표현하는 중요한 수단이다. 나는 타자를 사랑하거나 타자의 사랑을 구하는 과정에서 언어를 통해 내 존재를 표현한다. 그리고 이때 언어는 '말'을 뜻하지만은 않는다. 사르트르는 타자에게 내 존재를 알리기 위해 내가 생산해내는 모든 기호를 언어에 포함시킨다. 그러니까 사르트르가 하이데거에게서 빌려온 "나는 내가 말하는 것으로 존재한다"라는 표현처럼 내가 누구인지, 내가 그에게 전하고 싶은 것이 무엇인지를 타자에게 보여주는 모든 행위를 언어로 규정한다.

이처럼 언어관계에 참여하는 당사자인 나는 항상 주체성을 지녀야 한다. 다시 말해 말하는 주체인 나는 자유와 초월의 상태에 있어야 하는 것이다. 왜냐하면 그러한 상태가 아니면 언어로 내가 어떤 사람인지 제대로 표현할 수 없기 때문이다. 타자 역시 주체성을 지녀야 한다. 만약 그렇지 않다면 타자 역시 나에게 자신이 누구인지 제대로 표현할 수 없다. 물론 나는 개나 고양이에게도 말을 걸 수는 있다. 그러나 이 경우 그것들이 나에게 보여주는 반응과 주체성, 자유, 초월의 상태인 타자가 보여주는 반응은 전혀 다르다.

이와 같은 사실로 미루어 볼 때 상대에게 모든 것을 다 말한다는 조건은 의사소통의 이상 확립과 무관하지 않다. 바꿔 말해 그들은 자신들의 관계에서 각자의 인격을 모두 보여주는 의사소통의 확립을 목표로 한 것이다. 그들이 추구하는 사랑 역시 관계의 이상을 지향한다. 이와 같은 사실을 토대로 우리는 이제 그들의 계약결혼이 지닌 총체적 의의를 말할 수 있다. 그들의 계약결혼은 그저 정신과 육체를 좀 더 알기 위한 단순한 실험 결혼이 아니다. 그들은 자신들의 계약결혼을 통해 그들만의 고유한 사유 체계를 기초로 인간관계의 이상을 세우려고 한 것이다. 우리는 이러한 사실을 사르트르의 다음과 같은 증언을 통해 확인할 수 있다.

> 시몬 드 보부아르를 만났을 때 다른 사람과 맺을 수 있는 가장 훌륭한 인간관계를 맺었다는 느낌이 들었다. 가장 완전한 관계 말이다. (……) 우리들의 관계는 평등을 전제로 한다. 따라서 우리들의 관계에서 우리들 각자 동등했으며, 다른 것은 상상할 수 없었다. 나는 남자로서 나에게 딱 맞는

여자를 발견한 것이다.

실현 불가능한 이상

 그렇다면 사르트르와 보부아르가 생각한 계약결혼은 과연 그들이 원하는 대로 진행되었을까? 자신들이 인간관계의 이상으로 여기는 그런 관계를 끝까지 지켰을까? 그들은 여러 차례에 걸쳐 심각한 위기를 맞았지만 죽을 때까지 자신들이 내건 계약 조건을 실천하려고 노력했다. 그러나 그들의 계약결혼에 기초한 사랑과 언어는 이론상 실패로 끝날 수밖에 없다. 사르트르와 보부아르가 계약결혼을 통해 설정한 그들의 인간관계의 이상 정립은 처음부터 실패할 수밖에 없다. 그렇다면 그들은 처음부터 실패할 일을 한 셈인데, 과연 그럴까? 이 문제에 답을 하기 전에 사르트르의 사유 체계에서 사랑과 언어 세계가 왜 실패로 끝날 수밖에 없는지를 살펴보도록 하자.

 먼저 사랑은 그 안에 이미 실패의 싹을 포함하고 있다는 것이 사르트르의 견해이다. 그에 따르면 사랑의 본질은 속임수이다. 남녀간의 사랑에서는 서로 깊이 알게 되는 시간을 보내고 서로 사랑하는 마음을 확인한다. 사르트르의 눈에 이와 같은 사랑의 과정은 그 자체로 모순이다. 예를 들어 내가 어떤 이성을 — A라고 하자 — 사랑하게 되었다고 하자. 이때 내가 A에게 원하는 것은 단순히 A의 육체를 갖는 것이 아니다. 그보다는 먼저 A의 마음을 차지하려고 할 것이다. A의 마음을 차지하지 못하고 육체를 갖는다면 그것은 진정한 사랑과는 거리가 멀다. 나는 A를 사랑하지만 A가 내 사랑을 받아주지 않으면 나는 초조해한다. 내가 A의 마음을 원한다는 것은 결국 A의 마음은 내 지배권 밖에 있다는 것을 뜻한다. 그러니까 이것은 A는 내가 내 마음대로 가질 수 있는 하나의 물건과도 같은 객체가 아닌 주체라는 사실, 곧 자유와 초월이라는 사실을 뜻한다. 그렇기 때문에 사랑은 내 마음대로 되는 것이 아니다.

더군다나 사랑은 상호관계이다. 물론 짝사랑도 있지만 짝사랑만 계속한다면 나는 결코 사랑하는 사람의 마음을 차지할 수 없다. 따라서 사랑을 한다는 것은 사랑을 받는다는 것을 전제로 한다. 나는 사랑하는 A에게 내 사랑에 대한 대가로 나를 사랑해줄 것을 요구하며 또 이를 위해 온갖 노력을 한다. 그러나 A에 대한 사랑 속에서 자기기만에 빠져 있다는 것이 사르트르의 생각이다. 그 까닭은 무엇일까? 이 문제에 답하기 위해 두 가지 경우를 상정해보자.

먼저 내가 A를 사랑하는데도 A가 내 사랑에 대해 관심 없어하거나 미지근한 반응을 보여줄 뿐이라면, 이때 A는 내가 바라는 대로 주체성의 상태에 있는 것이다. 그러나 A가 나를 사랑하지 않기 때문에 나는 A의 마음, 곧 A의 주체성을 온전히 차지할 수 없다. 그러나 이 경우와는 달리 A가 나를 사랑해줄 때 내 사랑은 실패로 돌아가고 만다. 왜냐하면 내게 사랑을 고백하는 순간 A는 자신의 주체성을 포기하면서 객체성의 상태로 떨어지기 때문이다. 이처럼 나는 A를 사랑하면서도 내가 얻고자 하는 A의 주체성, 자유, 초월을 어떤 경우라도 영원히 차지할 수 없는 모순된 상황에 처한다.

또한 사랑은 제3자에 의해 끊임없이 상대화되기 때문에 실패할 수밖에 없다. 사랑에 참여하는 두 사람은 서로 자기기만을 통해 상대에 대해 절대 존재라고 여긴다. 사랑은 이들 당사자들에게는 절대 관계로 비칠 수 있으나, 제3자에게 노출된 사랑은 이미 그 제3자가 상대를 객체화하게 만든다. 사랑을 하면서 나와 타자는 진정한 의미에서 '우리들-주체'라고 생각한다. 그러나 제3자의 시선 밑에서 이 '우리들-주체'는 '우리들-객체'로 변모하며, 따라서 사랑은 끝내 실패한다.

이와 같은 시각으로 본다면 사르트르와 보부아르가 맺은 계약결혼 역시 실패다. 그들은 서로 필요한 존재로 여긴다는 자기기만 속에서 사랑했지만 항상 제3자의 눈에 객체화되는 운명을 피하지 못한다. 그러한 객체화가 가장 잘 드러난 경우는 그들이 올가를 끌어들여 삼각관계를 유지했을 때이다. 이때 올가의 눈에 비친 그들의 관계는 '우리들-주체'가 아니라 항상 '우리들-객체'였다. 사르트르와 보부아르의 계약결혼을 비판하는 자들의 눈으로 바라볼 때 둘의 관계는 항상 '우리들-객체'였다. 사르트르의 사유 체계 안에서 절대 불가능하다고 여기는 나와 타자의 주체성과 주체성의 결합, 자유와 자유의 결합에 대한 끊임없는 추구, 그것이 바로 사르트르와 보부아르의 계약결혼의 핵심이었다.

여기에 덧붙여 사르트르와 보부아르의 계약에 포함한 우연한 사랑에 대한 인정에 대해서 살펴보자. 방금 살펴본 사르트르의 사랑관은 그가 보부아르와 맺은 이 조건에도 그대로 적용된다. 그리고 이 계약 조건은 사르트르와 보부아르의 사유 체계의 핵심이라고 말할 수 있는 자유 개념과 밀접하게 연결되어 있다. 특히 사르트르에게 자유는 그의 전체 사유의 중요한 개념이기도 하다. "인간은 자유롭지 않을 자유가 없다" "인간은 자유롭도록 선고를 받았다" 또는 "인간의 자유는 바다의 파도처럼 영원히 반복된다"와 같은 표현은 자유가 사르트르의 사유 체계에서 어떤 의미를 지니는지 뚜렷이 보여준다.

사르트르에 따르면 자유는 자유로만 제한할 수 있다. 따라서 우연한 사랑에 대한 권리를 인정한 것은 결국 각자 다른 사람의 자유를 침범하지 않겠다는 서약과도 같은 의미를 지닌다. 다만 문제는 이 계약 조건을 육체의 쾌락을 위해 악용할 소지가 많다는 것이다. 실제로 그들의 계약결혼은 지나칠 정도로 많은 우연한 사랑으로, 그들의 필연의 사랑을 수차례에 걸쳐 위험에 빠뜨렸다. 물론 그들은 이와 같은 위험에도 끝까지 계약결혼 관계를 지켰다. 그것은 그들의 관계가 육체의 정열보다는 정신의 정열을 더 중시했기 때문이다.

사르트르는 사랑에 이어 언어 역시 실패로 끝난다고 생각한다. 왜냐하면 언어관계의 정립에 참여하는 나는 어떤 경우에도 언어를 통해 나를 온전히 표현할 수 없으며 내가 원하는 바를 타자에게 그대로 전달할 수 없기 때문이다. 왜 그럴까? 사르트르는 우선 인간이 쓰는 언어는 그가 생각할 때 항상 부족하다고 생각한다. 그래서 나는 내가 어떤 사람인지를 타자에게 제대로 전달할 수 없고 또 내가 말하고자 하는 것을 제대로 전달하는 것도 애초에 불가능하다는 것이다.

내가 타자에게 말한 바를 그가 어떻게 이해했는지 나는 전혀 알 수 없기 때문에 나와 타자 사이에 맺는 언어도 항상 실패로 막을 내릴 수밖에 없다. 타자의 시선에 그려진 내 모습은 마치 다른 사람이 숨기고 있는 카드의 안쪽과 같다. 이와 마찬가지로 내가 말한 것의 의미를 타자가 이해할 때, 나는 그 의미에 대해서 아무 권리도 없다. 그리고 타자가 내 말을 듣고 이해할 때, 그는 항상 주체성을 지녔기 때문에 내가 말한 것에 대해 그가 해석한 것을 전혀 알 수 없다.

물론 예외는 있다. 내가 타자에게 말하고자 하는 바를 모두 표현하기 위해 계속 노력하고, 타자 역시 내 말의 의미를 전부 포착하기 위해 노력하며, 그는 이 자신이 이해한 것을 나에게 그대로 전하려고 계속 노력하고, 나 또한 그의 말을 이해하기 위해 계속해서 노력하는 경우다. 이와 같은 경우에는 나와 타자가 서로 주체성, 자유, 초월의 상태를 인정하는 동시에 의사소통의 이상 정립에 성공할 수 있는 가능성을 엿볼 수 있다. 사르트르와 보부아르가 그들의 계약결혼 조건으로 내세운 '모든 것을 숨김없이 말한다'는 조건 역시 이와 같은 가능성과 무관하지 않다. 그렇다면 과연 그들은 실제로 자신들의 계약결혼에서 이러한 의사소통을 확실히 세우는 데 성공했을까?

보부아르는 사르트르와 한 계약결혼에서 의사소통의 이상

정립은 불가능했다고 고백한다. 보부아르에 따르면 사람은 다른 사람에게 아무것도 말하지 않기 위해서 많은 말을 할 수 있다고 한다. 즉, 핵심은 쏙 빼고 별로 중요하지 않은 말만 많이 할 수 있다는 것이다. 또한 사람들 사이에는 말하기 거북한 내용도 있다. 가령 사르트르는 자신이 다른 여자들과 맺은 관계에서 여자들이 어떻게 반응을 했는지 보부아르에게 말했지만, 정작 보부아르는 그런 말을 사르트르에게 하지 못했다. 따라서 보부아르에 따르면 모든 것을 터놓고 말한다는 계약조건은 남자에게만 유리한 '알리바이'였고, 이 조건은 결국 지키지 못했음을 실토한다.

사르트르와 보부아르가 모든 것을 다 털어놓고 말한다는 조건과 관련한 흥미로운 사실은 보부아르가 남녀 사이는 몸의 언어를 통해서도 완벽한 의사소통에 이를 수 있다고 생각한 점이다. 보부아르가 육체의 완전한 만족을 처음으로 느낀 것은 미국인 작가 앨그렌과의 관계에서였다. 보부아르는 사르트르와 맺은 관계와 앨그렌과 맺은 관계에 비슷한 가치를 부여한다. 짧은 기간 동안이긴 했지만 앨그렌과 맺은 관계에 더 비중을 두기도 했다. 보부아르는 한때 앨그렌과 시카고에서 같이 살 수만 있다면, 그녀가 평소 중요하게 여겼던 모든 가치들은 물론 사르트르와 한 계약결혼도 포기하고 그에게로 달려가 평범한 주부로 살기를 간절히 원할 정도였다.

이제부터 나는 사랑하는 남편과 아내처럼 당신과 함께

하겠어요. 꿈이 아니니까 꿈에서 깨는 일도 없을 거예요. 이것은 방금 일어난 놀랄 만한 사실입니다. 나는 내게서 당신을 느낍니다. 내가 가는 곳에 당신도 함께 가고, 당신의 시선과 당신의 모든 것이 함께 한다는 것을 느낀답니다. 당신을 사랑해요. 그 말밖에는 당신에게 하고 싶은 말이 없어요

물론 보부아르는 나중에 사르트르와 맺은 관계를 더 소중히 생각해 앨그렌과 헤어진다. 보부아르는 자신의 생활 터전이 프랑스에 있고, 자기는 어쨌든 프랑스 여자라는 점을 상기한다. 또한 앨그렌을 선택하고 사르트르를 포기하는 것을 스스로 받아들일 수 없는 '배신'으로 생각한다.

당신을 위해 (……) 나는 대부분 포기할 수 있을 거예요. 그래도 나는 분명 당신 마음에 드는 보부아르는 못 될 거예요. 만약 내가 사르트르를 포기한다면 나는 더러운 피조물, 배신자, 이기주의자가 될 것입니다. (……) 내 행복을 위해 모든 일을 한 사람인 사르트르에게 깊은 상처를 주고 보상받지 못할 실수를 저지를 바엔 차라리 죽어버리겠어요.

그러나 보부아르는 죽어서도 앨그렌이 자신에게 준 반지를 끼고 사르트르 곁에 묻혔다. 이러한 사실에서 알 수 있는 것은 사르트르든 앨그렌이든 보부아르가 이상으로 삼은 목표는 그들과 맺은 정신과 육체의 의사소통이었다는 것이다.

계약결혼을 형상화한 문학

보부아르의 『초대받은 여자』

피에르, 프랑수아즈, 크자비에르Xavière, 제르베르Gerbert. 이들은 1949년에 출간된 보부아르의 첫 번째 장편소설인 『초대받은 여자』에 나오는 중심인물들이다. 피에르는 극작가이자 연출가 겸 배우이다. 전직 교사인 프랑수아즈는 30세의 작가이며 피에르가 받는 희곡들을 읽고 교정하기도 한다. 크자비에르는 루앙 출신의 소녀로 순수와 감수성의 상징이며, 제르베르는 프랑수아즈로 하여금 모성애를 느끼게 하는, 피에르를 존경하는 배우지망생이다.

피에르와 프랑수아즈의 관계는 실생활에서 사르트르와 보

부아르를 모델로 하고 있다. 피에르와 프랑수아즈는 8년 전에 알게 된다. 물론 이들은 같이 살지는 않는다. 그러나 이들은 계약결혼한 상태다. 이들은 자신들을 '하나'로 느끼면서 자신들의 사랑을 필연으로 여긴다. 특히 프랑수아즈는 피에르와 함께 하는 일을 통해 자신이 그와 하나임을 느끼곤 한다.

피에르와 프랑수아즈는 아무것도 숨기지 않고 모든 것을 다 말한다는 계약을 맺는다. 이와 같은 사실은 "그들은 서로 모든 것을 얘기했고, 아무것도 감추지 않는다"와 같은 대목을 통해 확인할 수 있다. 피에르와 프랑수아즈는 필연의 사랑을 지켜가지만 우연한 사랑에 대한 권리를 서로 인정하는 조건도 내건다. 피에르는 프랑수아즈가 아닌 다른 여자들과 관계를 맺고 프랑수아즈는 제르베르와 육체관계를 맺는다.

프랑수아즈는 크자비에르를 약 6개월 전에 우연히 만난다. 실생활에서 크자비에르의 모델인 올가는 보부아르가 루앙에 있는 학교에서 가르치던 제자다. 보부아르는 다만 올가가 그런 것처럼 크자비에르 역시 루앙 출신으로 설정한다. 또한 올가가 그랬듯이 크자비에르 역시 30대 초입에 들어선 프랑수아즈의 눈에 젊음, 반항, 신선함의 상징이다. 프랑수아즈는 '까다로운 요구, 보기 힘든 미소, 예견할 수 없는 반응을 보이는 모험과 신비의 냄새'를 지닌 크자비에르를 자신의 '작은 동반자'로 삼고자 한다. 그래서 프랑수아즈는 크자비에르를 가까이 두려고 한다. 프랑수아즈는 루앙을 몹시 싫어하며, 그곳을 떠나고픈 강한 욕망을 지닌 크자비에르에게 파리에 와서 지낼

것을 제안한다.

그런데 사르트르와 보부아르의 사유 체계로 보면 프랑수아즈가 크자비에르를 자기 곁에 두고 싶어 하는 데는 큰 이유가 있다. 우선 루앙을 떠나 파리 생활을 시작했지만 아직은 미성년자인 크자비에르에 대해 프랑수아즈는 큰 책임감을 느낀다. 또한 프랑수아즈는 그런 크자비에르를 '소유'한다는 기분을 맛보고 싶어 한다. 그런 방법으로 프랑수아즈는 크자비에르에게 '필요한' 존재가 되고 싶어한다. 다시 말해 프랑수아즈는 크자비에르를 돌보며 자신의 존재를 정당화하고자 한다.

'귀중한 재산'으로 생각한 크자비에르가 파리에서 살기 시작한 지 얼마 되지 않아 프랑수아즈는 자신의 생활에 '새로운 일'이 일어나지 않는다고 느낀다. 그러나 사태는 피에르와 크자비에르가 만나면서 빠르게 변한다. 프랑수아즈는 피에르와 계약결혼 상태였기 때문에 피에르와 크자비에르는 자연스럽게 알게 된다. 피에르는 처음에 크자비에르에 대해 별 다른 관심을 갖지 않았다. 크자비에르 역시 피에르에 대해 애정을 느끼지 못한다. 피에르가 크자비에르에게 '친구'가 되자고 하나 크자비에르는 거절한다. 그러나 자주 만나면서 피에르 역시 크자비에르가 지닌 젊음, 괴팍함, 길들여지지 않은 야성의 매력에 흠뻑 빠진다. 프랑수아즈는 피에르에게 크자비에르와 연애를 해도 좋다고 허락한 적이 있지만 피에르와 자기 사이를 비집고 들어오는 크자비에르에 대해 거북함을 느끼기 시작한다.

처음에 프랑수아즈는 크자비에르를 그저 자신의 소유 대상,

자기를 따라다니는 '사냥개' 정도로 생각했다. 크자비에르를 자기와 같은 '의식'을 가진 한 명의 인간, 곧 진정한 '타인'으로 여기지 않았던 것이다. 그러나 크자비에르는 점차 자신이 프랑수아즈의 의지대로 움직이는 자동인형과 같은 존재가 아니라 어엿한 한 명의 인간이라는 사실을 드러내기 시작한다. 그것이 처음으로 표면에 나타나는 것은 크자비에르가 파리에 올라와 같이 살자는 프랑수아즈의 제의를 거절할 때이다. 프랑수아즈는 자신의 호의에 찬 제의가 거절당했을 때 뭔지 모를 거북함을 느끼게 된다. 이 거북함이 바로 크자비에르가 한 명의 살아있는 인간, 곧 '의식'이라는 사실의 징표인 셈이다.

왜 그녀는 프랑수아즈의 제안을 진지하게 생각하길 거부하는 것일까? 자신의 옆에 적의를 품은 고집 센 작은 의식이 있음을 느낀다는 것은 성가신 일이었다. (……) 크자비에르의 저항은 현실이었으며, 프랑수아즈는 그것을 꺾고 싶었다. 그것은 있을 수 없는 일이었다. 크자비에르를 지배하고, 과거 속의 그녀까지, 그리고 예견할 수 없는 미래의 모든 경우에 있어서의 그녀까지를 소유하고 있다는 느낌을 그녀는 한껏 갖고 있었던 것이다. 그러나 지금 이 완고한 의지가 존재하고 있었고, 그것에 부딪혀 그녀의 의지는 깨어지고 있었다.

문제는 크자비에르의 프랑수아즈에 대한 저항이 이제 막

시작되었을 뿐이라는 점이다. 프랑수아즈는 크자비에르를 점차 '구두창'에 묻은 '무거운 진흙덩어리'로 여긴다. 크자비에르로 인해 프랑수아즈는 피에르뿐만 아니라 다른 사람들과의 약속을 어긴다든가, 모임에 늦게 간다든가 함으로써 정상 생활을 할 수 없는 지경에 이른다. 프랑수아즈는 크자비에르를 '자신의 생활을 좀 먹는 살아있는 재앙의 화신'으로 묘사하게 된다. 또한 크자비에르는 자신이 하고픈 행동을 프랑수아즈 때문에 할 수 없을 때는 "자살을 하겠다" "다시 루앙으로 돌아가겠다"고 하며 자기 내키는 대로 행동한다. 이처럼 프랑수아즈가 보기에 크자비에르는 '하나의 가치체계에 도전하고 있는 또 하나의 가치체계'를 형성하고 있었다. 프랑수아즈는 마지못해 크자비에르를 자기와 같은 한 명의 '인간'으로 인정할 수밖에 없게 된다.

프랑수아즈는 그런 상념들을 떨쳐버리려 했다. 그러나 쉽게 눈을 감고 크자비에르의 모습을 지워버릴 수가 없었다. 크자비에르는 밤새도록 커져서 '북극'의 커다란 케이크처럼 무겁게 그녀의 머릿속을 메우고 있었다. (……) 이제 막 모습을 드러낸 귀중하고도 거추장스러운 그 크자비에르를 그녀는 온 전력을 다해 떠밀어내고 있었다. 그녀가 그녀 내부에서 느끼는 것은 거의 적의에 가까운 것이었다. 그러나 이제는 어쩔 수 없었다. 뒤로 되돌아갈 방도는 없었다. 크자비에르는 존재하고 있었다.

크자비에르는 피에르와 가까워지면서 프랑수아즈가 피에르와 세웠던 세계로 점차 침입해 온다. 크자비에르는 점차 피에르와 많은 시간을 함께 보낸다. 취업 준비를 거절한 크자비에르에게 피에르는 우선 연극 배우의 길을 제시한다. 이렇게 해서 그들은 프랑수아즈의 눈을 벗어나 같이 시간을 보낸다. 강렬한 순수함을 지녔고, 사물을 전혀 새로운 각도로 보며, 놀랄 만한 참신함을 가져다주는 '진주 같은 소녀'라는 별명으로 불리는 크자비에르는 점차 피에르와 프랑수아즈의 관계에 깊숙이 파고든다. 그리고 프랑수아즈는 크자비에르를 더는 자신의 삶의 한 부분으로 여기지 못하게 된다. 또한 자신이 중심이 되어 형성한 세계 바로 옆에 크자비에르가 중심이 되어 형성한 이 '낯선 세계'를 어쩔 수 없이 인정해야만 하는 처지에 놓인다. 그 '낯선 세계'는 프랑수아즈의 지배권이 미치지 않은 일종의 크자비에르만의 '성역'이다. 그리고 이 성역에서는 크자비에르만의 독특한 '경배의식'이 진행된다. 하지만 프랑수아즈는 이 경배의식에 대해 아무런 권리를 가지지 못하며, 그것의 의미조차 헤아릴 수 없다.

크자비에르가 그녀 자신의 삶의 한 부분에 지나지 않은 것으로만 보이던 시절은 까마득했다. 이제 그녀는 탐욕스럽고도 맥없이 그리고 초조하게 서두르며 그녀 앞에 겨우 열릴까 말까한 낯선 세계를 향해 서둘러 가고 있었다. 프랑수아즈는 한순간 그 문 앞에서 못 박힌듯 서 있었다. 그 방은 그녀를 겁에 질리게 했다. 그것은 진정 성역이었다. 그곳에서는 여러 종류의 경배의식이 진행되고 있었다. 그러나 노란 담배 연기, 녹차와 라벤더 향내가 향하고 있는 지고의 신은 바로 크자비에르 자신이었다.

이처럼 크자비에르는 자기 주위에 이런 낯선 세계를 만들고, 그 세계로 피에르까지 끌어들여 성역을 만든다. 그러나 프랑수아즈의 입장에서 이것은, 자신과 피에르와 만든 세계의 파괴를 의미한다. 다시 말해 피에르와 크자비에르의 관계가 가까워질수록 프랑수아즈와 피에르 사이의 계약결혼은 위기에 봉착하고, 급기야 그들이 함께 누려온 사랑과 삶은 점차 그 본질을 잃어가는 것이다. 프랑수아즈는 자신의 이와 같은 느낌을 피에르에게 털어놓아야 하는 필요와 의무감을 느낀다. 왜냐하면 그들의 계약결혼 조건 가운데 하나가 서로 모든 것을 다 털어놓고 말하는 것이기 때문이다. 프랑수아즈는 자기와 피에르 사이에는 이제 '잿더미와 먼지'만이 남아 있을 뿐이라고 털어놓는다. 그러나 피에르는 여전히 그들의 관계는 확고하며 앞으로도 그럴 것이라는 강한 확신을 심어준다. 그리고 만약 자신들의 '사랑'에 '위험'이 따른다면, 크자비에르와 관계를 끊겠다는 결심을 보여준다. 프랑수아즈는 피에르의 강한 신념에 이끌려 크자비에르로 인해 발생할 수 있는 모든 '위험'을 다시 짊어지기로 작정한다.

그러나 프랑수아즈가 짊어진 짐은 더 무거워진다. 크자비에르에게 별다른 문제가 없음을 확인한 피에르는 크자비에르와 더 가깝게 지낸다. 이제 피에르와 크자비에르는 '하나'가 되어 프랑수아즈와 대립한다. 이러한 상황에서 프랑수아즈는 심각하게 고민을 한다. 피에르나 크자비에르와 맺은 관계를 모두 포기할 것인가? 아니면 그들에게 저항을 할 것인가? 한 가지 분명한 것은 피에르와 크자비에르의 결합 앞에서 프랑수아즈는 그와 함께 '우리들'을 구성한 옛날과는 달리 다시 '나'로 되돌아갔다는 것이다.

프랑수아즈는 폐충혈이라는 병으로 한동안 병원 신세를 진다. 이 기회를 통해 프랑수아즈는 두 가지를 체험한다. 하나는 피에르가 보내는 여전한 사랑이다. 피에르는 날마다 병문안을 와 프랑수아즈를 끊임없이 위로한다. 그러나 프랑수아즈는 피에르와 크자비에르의 관계로 괴로워한다. 크자비에르와 피에르는 프랑수아즈의 면전에서 '우리들'이라는 단어를 거리낌 없이 사용하며 밖에서 있었던 일들을 말한다.

"우리들은 무엇에 빨려 들어갔던가 봐요 (……) 나는 성큼 그 안으로 들어설 수가 없었는데 피에르가 기세 좋게 문을 밀었죠 열탕처럼 무덥고 사람들이 꽉 차 있었어요. 그래도 한 구석에서 빈 자리를 찾아냈죠 (……) 우린 그 자리에 앉았죠." 크자비에르는 잠깐 뜸을 들였다. "그리고 우리는 양배추 절임을 먹었어요."

"양배추 절임을 먹었어?" 프랑수아즈가 물었다.

"네, 그래요." 크자비에르는 그 말이 빚은 효과에 매우 행복해하며 말했다. "맛있던데요."

프랑수아즈는 크자비에르의 시선이 대담해지고 반짝거리고 있음을 알아챘다.

"나도 양배추 절임을 시켰죠."

피에르가 크자비에르와 함께 먹은 '양배추 절임'은 그녀를 만나기 전에 그가 프랑수아즈와 주로 먹었던 것이다. 보다 더 정확하게 말하자면 이 양배추 절임은 프랑수아즈가 직접 피에르에게 먹자고 제안했던 것이다. 그러니까 그것은 그들 두 사람을 연결시켜주는 일종의 '신비로운 결합 의식'의 상징이었다. 그런데 피에르는 그 의식의 주인공이었던 프랑수아즈가 아닌 다른 여자, 즉 크자비에르와 함께 그 의식을 치렀고, 또 그 사실을 크자비에르가 프랑수아즈의 면전에서 '우리들'이라는 인칭대명사를 사용하면서 말한 것이다.

앞에서 지적한 것처럼 이 '우리들'이라는 인칭대명사의 사용은 사랑의 완성과 밀접한 관계가 있다. 결국 프랑수아즈의 면전에서 크자비에르가 피에르와의 일을 '우리들'이라는 인칭대명사를 사용하면서 말하는 것은, 프랑수아즈와 피에르의 사랑이 이미 크자비에르와 피에르의 사랑에 의해 해체된 증거라고 할 수 있다.

물론 프랑수아즈는 이미 피에르에게 크자비에르와 사랑의 관계를 맺어도 좋다는 허락을 했다. 그리고 그들의 계약결혼의 조건 가운데 하나가 우연한 사랑에 대한 권리를 서로 인정하는 것이었다. 또한 프랑수아즈는 피에르가 크자비에르와 머지않아 잠자리도 같이 할 것이라는 점을 예측했다. 그런데도 프랑수아즈는 그들의 사랑, 그들의 입맞춤에 적잖이 당황한다. 그리고 크자비에르를 피에르에게 빼앗긴다는 느낌을 받으며, 또 그것을 용납할 수 없다고 생각한다. 왜일까?

프랑수아즈에게 크자비에르는 일종의 소유 대상이었다. 프랑수아즈는 크자비에르와 자기 나름대로 밀접한 관계를 유지해야 했다. 만약 피에르가 크자비에르를 독점한다면, 프랑수아즈는 자신이 크자비에르에 대해 가진 모든 권리를 한순간에 다 잃고 마는 것이다. 그런 만큼 프랑수아즈는 크자비에르에 대한 몫을 완전히 빼앗기는 것을 거부한다. 또한 피에르와 크자비에르의 관계가 어긋나 크자비에르가 프랑수아즈에게 도움을 청할 때, 프랑수아즈는 예전에 느낀 크자비에르에 대한 소유의 감정을 다시 느낀다. 한편, 프랑수아즈에게는 피에르 역시 아주 소중한 존재임이 틀림없다. 비록 크자비에르가 위기를 몰고 왔지만 프랑수아즈는 여전히 그와 '우리들'을 형성하고 있는 것이다.

병이 거의 다 나아갈 무렵 프랑수아즈는 자신과 피에르 사이에서 강한 영향력을 미치는 크자비에르를 인정하는 모험을 하기로 결심한다. 프랑수아즈는 피에르에게 계약결혼 관계를 크자비에르를 포함한 '삼각관계'로 바꾸자고 하고, 거기에 크자비에르도 동의한다. 프랑수아즈가 기대한 대로 병원에서 퇴

원하고 얼마 동안 순조롭게 지내자 피에르는 5년 동안 이 관계를 유지하자고 맹세를 한다. 이렇게 해서 피에르, 프랑수아즈, 크자비에르는 정식으로 삼각관계를 맺는다. 그러나 이 관계 안에서도 프랑수아즈는 계속해서 크자비에르에 대해 상반된 감정을 느낀다. 프랑수아즈는 여전히 크자비에르를 자신의 소유 대상, 자기의 도움이 필요한 존재로 여긴다. 그러나 피에르와 프랑수아즈 사이에서 크자비에르는 점차 '꼬마 독재자'로 군림한다. 프랑수아즈는 이미 크자비에르가 기거하는 방을 '성역'이라고 생각한 적이 있다. 그러나 나중에는 그곳을 '현란하고 독기 있는 식물들이 무성히 자라는 후끈한 온실' '축축한 분위기가 몸에 끈적끈적 묻어나는 환각에 사로잡힌 자의 지하 감방'으로 여기게 된다.

크자비에르는 또한 피에르와 프랑수아즈가 건드릴 수 없는 행동을 저지르면서 자신의 영향력을 점차 확대해 나간다. 어느 날 크자비에르는 셋이서 외출한 저녁, 한 술집에서 담뱃불로 자신의 살을 지지는 극단의 행동을 보인다. 이에 대해 프랑수아즈는 자신의 영향력 밖에 존재하는 한 인간인 크자비에르의 모습을 보고 전율한다. 한 마디로 크자비에르는 피에르와 프랑수아즈 곁에서 '피와 살'로서 살아있는 것이다. 한 마디로 프랑수아즈는 크자비에르를 '뛰어넘을 수 없는 장애물', 즉 한 명의 타자로 인식하기에 이른다. 아래의 글은 '타인'의 의식이 '나의 가능성의 저편'에 존재한다는 사실을 가장 명료하게 보여주는, 『초대받은 여자』에서 가장 유명하고 따라서 가장 많이 인용되는 부분이다.

교태를 부릴 때와 비슷한 얼굴로 입술을 모아 크자비에르는 덴 자리에 묻어 있는 재를 불어버렸다. 그 조그만 보호막을 떨쳐버리자 그녀는 또 다시 불이 달아 있는 담배의 끝부분을 그 드러난 상처에 대고 눌렀다. 프랑수아즈는 움찔했다. 반발하고 있는 것은 그녀의 육체만이 아니었다. 그녀는 보다 깊이, 보다 철저히 그녀의 존재의 핵심까지 건드려진 느낌이었다. 그 광기어린 일그러진 얼굴의 이면에는 하나의 위험이 도사리고 있었다. 그녀가 지금까지 상상할 수 있었던 그 어느 것보다 더 결정적인 무서운 위험이 있었다. 탐욕스럽게 스스로 목을 조이는, 확고히 자기 나름대로 존재하는 그 무엇인가가 있었다. 생각에서조차 그것에 가까이 갈 수 없었다. 그것이 표적을 맞히는 순간 생각은 용해되어 버리는 것이었다. 그것은 손에 잡힐 수 있는 어떤 대상이 아니었다. 스스로에게만 투명한, 영원히 침투할 수 없는 그 어떤 것, 그것은 끊임없는 솟구침이었고 회피였다. 그 주위를 아무리 맴돈다 할지라도 영원히 그것으로부터 소외될 것이었다.

어쨌든 프랑수아즈는 이러한 인식 끝에 피에르에게 그들이 크자비에르와 맺은 삼각관계는 실패로 끝났음을 고백한다. 프랑수아즈는 삼각관계를 형성해 피에르와 계약결혼 상태를 끝까지 유지하고, 크자비에르를 소유하고, 크자비에르에게 필요한 존재가 되고자 했다. 심지어 프랑수아즈는 피에르와 크자비에르의 사랑에 대항해서 균형을 맞추기 위해 크자비에르와 동성애를 생각하기까지 한다. 그러나 프랑수아즈는 크자비에르로 인해 모두 잃어버릴 상황에 처한다. 프랑수아즈의 판단에 결국 그들이 형성한 삼각관계가 실패로 돌아간 것은 크자비에르 때문이었다. 프랑수아즈에 따르면 인간들이 맺는 상호관계에서는 '우월성의 포기'가 반드시 뒤따라야 하는데, 크자비에르는 항상 자신이 우월한 위치에 있고자 한다는 것이다.

> 크자비에르는 결코 포기하는 법이 없었다. 그녀가 아무리 상대방을 높은 위치에 올려놓는다 할지라도, 상대방을 몹시 아낀다 할지라도, 그 상대방은 그녀에겐 하나의 사물로 남아 있었다.

이러한 크자비에르를 어떻게 할 것인가? 프랑수아즈는 크자비에르를 죽이는 수밖에 없다고 생각한다. 그러나 프랑수아즈는 당장 크자비에르를 죽이지는 않는다. 그 전에 프랑수아즈는 뜻밖의 커다란 세 가지 사건을 겪는다. 우선 크자비에르가 제르베르와 육체관계를 맺게 되는 사건이다. 피에르는 크자비에르의 방에 둘이 있는 장면을 엿본다. 이 일로 피에르는 크자비에르를 더 만나려들지 않는다. 프랑수아즈는 그들 사이를 중재하지만 뜻대로 되지 않는다. 왜냐하면 크자비에르가 제르베르와 육체관계를 맺은 것은 피에르에 대한 일종의 복수

였기 때문이다. 그러니까 크자비에르는 삼각관계가 깨진 것을 기회로 불행을 호소한 프랑수아즈와 피에르가 다시 가까워지는 것을 느끼자, 이에 대한 복수로 제르베르에게 몸을 허락한 것이다. 또한 그렇기 때문에 크자비에르는 중재를 하려고 하는 프랑수아즈에게도 속마음을 터놓지 않는다. 곧 크자비에르에게 최후의 맞수는 프랑수아즈이다.

또 하나의 사건은 프랑수아즈와 제르베르가 함께 여행을 떠나 육체관계를 맺은 것이다. 프랑수아즈는 제르베르와 관계를 가진 것은 단지 이 세상에 피에르나 크자비에르 말고도 사랑할 수 있는 대상이 있다는 것을 깨달은 결과라고 했지만, 사실 그것은 크자비에르에 대한 복수 행위였다. 피에르를 독차지하려는 크자비에르, 그런 크자비에르에게만 빠져 들고 프랑수아즈에게는 무관심한 피에르, 프랑수아즈에게는 이러한 이들의 공모관계에 도저히 저항할 길이 없었다. 그러한 절망상태에서 프랑수아즈가 저지른 복수였던 것이다. 그리고 결국 피에르와 다시 결합함으로써 프랑수아즈는 크자비에르에게 완전한 승리를 거두었다고 생각한다.

크자비에르를 절망에 빠뜨리고 싶은 생각은 추호도 없었다. 매일 일정량의 거짓말로 그녀를 안심시켜 줄 수 있으리라. 경멸받으며 속고 있는 그녀는 이미 이 세계에서 프랑수아즈가 차지하고 있는 자리를 빼앗으려 드는 그 여자가 아니었다.

프랑수아즈는 거울 속의 자신을 보았다. 마침내 변덕, 고집, 오만한 이기심, 그 모든 허울 좋은 가짜 가치들은 약점을 드러내었고, 경멸받던 낡은 미덕들이 승리를 거두고 잇었다.

"내가 이겼어." 의기양양하게 프랑수아즈는 생각했다.

다시 그녀는 자신의 생의 한 가운데 아무 거침없이 홀로 존재하고 있었다. 공허한 환상의 세계 속에 갇혀 있는 크자비에르는 헛되이 고동치는 죽은 목숨이나 다름없었다.

또 다른 사건은 제르베르가 프랑수아즈에게 보낸 편지를 크자비에르가 몰래 훔쳐 본 것이다. 이 사건으로 인해 프랑수아즈가 크자비에르에 대해 거두었다고 생각한 승리는 일순간에 사라져버린다. 『초대받은 여자』의 시대 배경은 바로 제2차 세계대전이 일어나기 직전이다. 그래서 피에르와 제르베르는 군에 동원된다. 전쟁이 시작되자 프랑수아즈와 크자비에르는 밉든 좋든 간에 다시 같은 호텔에서 지내지만 피에르를 사이에 둔 질투, 반목, 시기를 조금도 누그러뜨리지 않는다. 그러던 어느 날 제르베르가 외박을 나와 크자비에르 몰래 프랑수아즈에게 만나자는 소식을 전한다. 프랑수아즈는 크자비에르에게 거짓말을 하고 제르베르와 만난다. 피에르는 동원된 뒤에 프랑수아즈와 크자비에르에게 계속 편지를 보낸다. 크자비에르는 피에르가 프랑수아즈에게 보낸 편지에서 자기에 대해 어떻게 말하고 있는지를 몹시 알고 싶어 한다. 크자비에르는 프랑수아즈가 자기 방 책상 서랍에 넣어둔 피에르의 편지를 훔쳐본다. 그런데 프랑수아즈는 피에르의 편지 옆에다 제르베르에게서 온 편지를 같이 넣어 두었다. 외출 중에 자기 핸드백 속에 항상 넣어두었던 책상 열쇠가 없는 것을 발견한 프랑수아즈는 급히 호텔로 돌아왔으나 이미 크자비에르가 제르베르의 편지를 보고 난 뒤였다. 아무리 변명을 해보려고 해도 크자비에르의 태도는 완강했다. 크자비에르가 보기에 프랑수아즈는 피에르를 뺏긴 화풀이로 제르베르와 관계를 맺고 또 자기 몰래 그 관계를 유지한 것이다.

"하지만 당신, 다른 사람도 아닌 당신이 저를 우롱하다니!"
지극히 고통스러운 웃음이 그녀의 하얀 이를 드러나게 했다.
"난 크자비에르를 우롱하지 않았어. 다만 크자비에르보다 나 자신에 더 관심을 쏟았을 뿐이야. 하지만 크자비에르도 나로 하여금 크자비에르를 사랑하게 만들어 주지 않았어."
"알고 있어요. 피에르가 저를 사랑했기 때문에 저를 질투하셨죠. 그가 저를 싫어하게 만들고, 그것도 모자라 제게서 제르베르를 빼앗아 가셨잖아요. 마음대로 그 사람 차지하세요. 당신 거예요. 그 대단한 인물, 미련 없이 드리겠어요."
그녀는 숨이 막힐 듯이 격한 어투로 말을 퍼부어댔다. 크자비에르의 불타오르는 눈이 바라보고 있는 대상이 자기라는 것을 떠올리며 그녀는 몸을 떨었다.

65

"그건 사실이 아니야."

그녀는 심호흡을 한 번 했다. 변명하려 해도 소용없는 일이었다. 그녀를 구원해 줄 수 있는 건 아무것도 없었다.

이처럼 크자비에르의 눈에 프랑수아즈는 제르베르를 빼앗은 염치없는 사람이 되었다. 손아랫사람을 위한다는 핑계로 자신을 괴롭히는 악랄하고 가증스러운 어른, 그것이 크자비에르라는 타인의 의식에 각인된 프랑수아즈의 이미지였다. 크자비에르는 더는 파리에 남아 있으려고 하지 않는다. 크자비에르가 살아 있는 한 계속해서 프랑수아즈는 파렴치한 인간으로 남을 것이다. 프랑수아즈는 "죽고 싶다"고 말한다. 그러나 프랑수아즈가 택한 결론은 그와는 정반대로 크자비에르를 죽이는 것이다. 프랑수아즈는 마지막으로 크자비에르에게 용서를 구하려고 한다. 가능하다면 크자비에르와 함께 파리에서 계속 살고자 한다. 그러나 크자비에르의 분노는 누그러질 줄 모른다. 파리를 떠나 루앙으로 돌아가려는 크자비에르의 결심은 확고하다. 결국 프랑수아즈는 크자비에르의 방의 가스 밸브를 열어 놓는다.

대체 프랑수아즈는 왜 이와 같은 비인간적인 방법으로 크자비에르를 살해하는 것일까? 이 문제에 대한 답을 하기 위해서 '증오'라는 인간관계의 한 유형에 주목해보자. 사르트르에 의하면 증오는 '한 인간에 의한 다른 인간의 죽음'으로 규정된다. 그런 의미에서 증오는 인간들 사이에 형성되는 존재론적 관계들 가운데 하나이다. 한 사람이 다른 사람을 죽이는 이유를 살펴보기 위해 다음과 같은 예를 들어보자. 한 사람이 도저히 인간으로서는 저지를 수 없는 파렴치한 행동을 저질렀다고 하자. 그러면 자신의 그런 모습이 이 세계 그 누구의 눈에 띄지 않기를 바라는 것이 인지상정일 것이다. 만약 한 명이라도 그의 파렴치한 행동을 본 사람이 있게 되면, 그는 이 사람에 의해 '파렴치한 행동을 저지른 자'라는 꼬리표를 뗄 수가 없을 것이기 때문이다. 따라서 그는 이 목격자를 이 세계에서 영원히 사라지게 해야 한다. 자신을 '파렴치한 행동을 저지른 자'로 파악하는 ─ 사르트르의 시각으로 보면 이것은 그에게 이와 같은 '본성'이나 '본질'을 부여하는 것이다 ─ 인간존재, 곧 '의식'을 완전히 사라지게(無化) 하는 것이다. 사르트르는 이와 같은 인간관계를 '증오'로 규정한다. 하지만 이 증오는 실패라는 것이 사르트르의 견해이다. 왜냐하면 문제의 목격자가 이 세계에서 영원히 사라진다고 해도, 타인의 의식에 자신의 파렴치한 행동이 각인된 사실 자체가 없어지지는 않기 때문이다. 또한 파렴치한 행동을 저지른 사람은 항상 스스로를 자신의 의식의 대상으로 출두시킬 수 있다. 달리 말하자면 그는 항상 자신을 객체화시킬 수 있으며, 따라서 자기 자신을 속이지 않는 한 그는 그 자신이 파렴치한 행동을 저지른 사람이라는 사실을 결코 잊을 수가 없다.

『초대받은 여자』의 마지막 부분에서 프랑수아즈가 가스 밸브를 열어 크자비에르를 살해한 이유를 이제 이해할 수 있다.

결국 프랑수아즈의 살해 동기는 크자비에르의 의식에 각인된 그 자신의 이미지, 즉 복수심과 질투심에 불타 제르베르와 육체관계를 맺고 그것을 숨기려고 하는 가증스럽고 추잡한 이미지를 지우고자 하는 것이다. 다시 말해 프랑수아즈에게 영원히 부끄러움을 안겨줄 수 있는 원천인 크자비에르라는 '타자'의 '의식'을 이 세계에서 완전히 사라지게 만드는 것이다.

그럼 이제? 프랑수아즈는 혼자 중얼거렸다.

그녀는 크자비에르의 방문을 지켜보며 서 있었다. 혼자, 그 누구에게도 의지할 수 없이, 그녀 자신만을 의지하며 서 있었다. 그녀는 한순간 기다린 후에 부엌으로 들어가 가스 밸브에 손을 얹었다. 그녀의 손이 경련을 일으켰다. 거짓말 같았다. 그녀의 고독 앞에, 공간과 시간을 초월한 곳에 그 적의에 찬 존재, 너무나도 오래 전부터 어두운 그림자로 그녀를 짓눌러 온 그 존재가 있었다. 그것이 거부하는 모든 것을 무無로 환원시키며, 자기 자신만을 위해 존재하고, 자신 속에 파고들어 가라앉는 그 존재가 거기에 있었다. 그 자신의 오만한 고독 속에 온 세계를 가두며, 그것은 무한으로, 유일무이한 존재로 피어오르고 있었다. 그것의 존재 전체는 자기 자신에게서 나오고 있었고, 아무것도, 그것을 손 안에 넣을 수 있는 것은 아무것도 없었다. 그것은 완벽한 단절이었다. 그러나 한편, 그것을 없애버리기 위해서는 이 밸브의 핸들을 내리기만 하면 되었다. 하나의 의식을 무화시키는 것! 내가 어떻게 그것을? 프랑수아즈는 생각했다. 그러나 나의 것이 아닌 다른 의식이 어떻게 존재할 수 있단 말인가? 그렇게 되면 나 자신이 존재하지 못하게 되리라. 그녀는 뇌까렸다. 그 애냐, 나냐, 그녀는 핸들을 내렸다.

보부아르는 『초대받은 여자』에서 크자비에르를 죽이고 프랑수아즈가 어떤 운명에 처하는지에 대해서는 침묵하고 있다. 따라서 피에르와 크자비에르 사이의 계약결혼이 어떻게 끝나는지는 알 수 없다. 실제 사르트르와 보부아르의 관계와는 달리 『초대받은 여자』에서 피에르와 프랑수아즈의 계약결혼은 크자비에르라는 제3자를 죽이는 비극으로 끝난다. 물론 이 작품에서 프랑수아즈의 행동은 실제로 보부아르가 올가에 대해 품은 원한을 문학으로 형상화해 둘 사이의 우정을 '정화'한 것일 수도 있다.

그러나 현실에서 보부아르는 그와 같은 위기 상황을 극복하고 끝까지 사르트르와 계약결혼을 지켜냈다. 그리고 증오의 실패에 대한 설명에서 볼 수 있듯이, 비록 프랑수아즈가 크자비에르의 의식을 없애는데 성공했다 할지라도, 프랑수아즈 자신이 추잡하고 부끄러운 행동을 저질렀다는 사실 자체는 없어지지 않는다. 게다가 프랑수아즈는 살인을 저질렀다는 죄의식으로부터 결코 벗어날 수 없다. 따라서 그녀 자신의 의식에는 항상 크자비에르에게 '몹쓸 짓을 한 어른', 그것을 감추기 위해 그녀를 죽인 '살인자'의 이미지가 아로새겨지게 된다.

사르트르의 『철들 무렵』

사르트르는 『철들 무렵』에서 마티외와 마르셀이라는 한 쌍의 남녀를 통해 계약결혼을 문학으로 형상화한다. 이 소설에서 마티외는 34세이고, 고등학교에서 철학을 가르친다. 이러한 그의 모습은 사르트르의 젊은 시절을 떠올리기에 충분하다. 마르셀은 화학을 공부하였으나 병 때문에 중단하고 집에서 소일한다. 이러한 마르셀의 모습은 보부아르의 모습과는 거리가 멀다. 그러나 보부아르의 회상에 따르면 마티외와 마르셀은 사르트르와 보부아르 자신을 모델로 하고 있다고 한다. 더군다나 마르셀은 어머니와 함께 사는데, 일주일에 네 번 마티외가 마르셀의 방을 몰래 방문하는 장면은 보부아르가 1929년 철학교수 자격시험에 합격한 뒤 외할머니의 아파트에서 방을 하나 빌려 살 때의 모습과 거의 같다. 또한 7년 전부터 알게 된 마티외와 마르셀은 서로 모든 것을 터놓고 얘기한다는 계약을 맺는다. 결국 이들의 이런 모습은 사르트르와 보부아르의 모습을 그대로 문학으로 형상화한 모습이라고 하기에 충분하다. 다만 마르셀과 마티외는 우연한 사랑에 대한 권리를 서로 인정한다는 계약은 맺지 않는다.

이와 같이 계약결혼의 형태를 띠고 부부처럼 살아가는 마티외와 마르셀 사이에 문제가 발생한다. 마르셀이 임신을 한 것이다. 사실 마르셀도 처음에는 아이를 원치 않았다. 그러나 마르셀은 점차 자신이 아이를 원하고 있다는 사실을 깨닫는다. 마티외가 마르셀을 방문한 어느 날 마르셀은 이 사실을 털어 놓는다. 마티외는 당장 낙태 수술을 받을 것을 권한다. 그리고 마르셀도 거기에 동의한다.

> 마티외는 마르셀의 머리를 가볍게 쓰다듬었다.
> "아무튼 말해봐."
> "그럼 말하겠어요. 생겼어요."
> "뭐라고? 뭐가 생겼다는 거야?"
> "아이가 생겼다니까요?"
> 마티외는 얼굴을 찡그렸다.
> "틀림없어?"
> "정말 틀림없어요. 당신도 알겠지만 저는 덤벙대는 여자가 아니에요. 벌써 두 달째 늦어지고 있어요."
> "이런!"
> '적어도 3주일 전쯤 말할 것이지.' 마티외는 그런 생각을 했다. 손을 놀리지 않고는 가만히 있을 수가 없었다. 파이프에 담배라도 담아야겠는데 파이프는 옷장에 넣어 둔 윗도리에 들어 있었다. 그래서 머리맡 탁자 위에 있는 궐련 꽁초를 들었으나 곧 제자리에 놓아버렸다.
> "자 이제 아셨지요, 어떡하면 좋겠어요?"
> "그럼 지우면 되지 않아. 싫은가?"
> "좋아요, 이야기할 곳도 알고 있어요.

그러나 사르트르가 『철들 무렵』을 쓰던 시기의 프랑스에서 낙태는 불법이었다. 따라서 꼭 낙태 수술을 받으려면 불법으로 수술을 하는 사람을 찾아가거나, 외국 국적을 가진 의사에게 가거나, 낙태를 허용하는 외국으로 나가야만 했다. 불법으로 수술을 하는 경우 수술하는 사람의 자격, 수술하는 장소의 위생이 중요한 문제로 부각되었다. 당시에는 수술을 잘못해 생명을 잃거나 후유증을 앓는 사람들의 수가 많았다고 알려져 있다. 또한 은밀히 프랑스에서 활동하는 외국 국적의 의사들에게 가거나 외국으로 가서 수술을 받는 경우에는 비싼 수술비가 문제가 되었다.

마티외와 마르셀은 긴 논의 끝에 불법으로 시술을 하되 돈을 많이 받지 않는 노파를 찾아가기로 한다. 마티외는 우선 그 노파가 있는 곳을 찾아가 그곳의 위생 상태를 보고 최종 결정을 내리자고 마르셀을 설득한다. 그렇게 해서 마티외는 노파를 찾아간다. 그러나 노파의 손을 보고 그냥 되돌아온다.

> 마티외는 노파의 손을 보았다. 남자의 손, 교살자의 손이었다. 살가죽이 거칠게 터졌고, 손톱은 짧고 검었으며, 손은 흉터와 흠집투성이였다. 왼손 엄지손가락 첫마디에는 푸르스름하게 멍이 들어 피가 맺혀 있고, 검고 큰 딱지가 붙어 있었다. 마티외는 마르셀의 부드러운 살결을 생각하면서 몸을 떨었다.

돈이 많이 들어서 외국으로 보낼 수 없는 상황이라 마티외는 돈을 구하기 위해 백방으로 노력한다. 『철들 무렵』은 마티외가 돈을 구하려고 파리 전역을 이리저리 돌아다니는 이틀 동안에 벌어진 사건들을 중심으로 구성되어 있다.

그는 우선 과거에 낙태 수술을 받은 경험이 있는 사라에게 도움을 청한다. 사라는 될 수 있으면 애를 낳아서 기르라고 충고한다. 사라는 수술을 받는 당사자인 마르셀이 여자로서 느끼는 쓰라린 감정을 마티외에게 이해시키고, 가능하다면 그의 생각을 바꾸어 보려고 한다.

대답하는 사라의 안색이 고통스럽게 변했다.
"그래요? 그게…… 그렇게 고통스러운가요?"
마티외의 음성이 달라졌다.
"참지 못할 정도는 아니지만…… 아이를 생각했지요. 고메즈가 원했기 때문에 그랬어요. 그 시절에는 그이 말이……. 하지만 무서웠어요. 다시는 죽어도 그런 짓은…… 이젠 그가 무릎을 꿇고 빌어도 다시는 않겠어요."
사라는 처량한 표정을 지으며 말했다. 그녀는 어리둥절한 눈을 한 마티외를 바라보았다.
"수술이 끝난 뒤에 조그만 꾸러미를 하나 주면서 수챗구멍에 버리라고 말하지 않겠어요. 수챗구멍에다 마치 죽은 쥐새끼를 버리듯이 말이에요, 마티외씨."
그녀는 그의 팔을 힘껏 잡으면서 말을 계속했다.
"당신은 지금 영문도 모르고 그런 짓을 하려는 거예요."

그러나 마티외는 아이를 낳는 것도 마르셀과 결혼하는 것도 원치 않는다. 아이를 낳지 않겠다는 확고한 결심을 하고 있는 마티외에게 사라는 자신을 수술한 사람을 소개해줄 수는 없다고 말한다. 그 의사는 술을 많이 마시고 2년 전에는 사고까지 저질렀다는 것이다. 그 대신 독일 국적을 가지고 나치 정권을 피해 파리에 와 있는 유대인 의사의 소재를 알아보겠다고 약속한다. 사라는 수소문 끝에 그 의사에 대한 정보를 마티외에게 알려준다. 그러나 그 의사는 미국으로 곧 떠날 예정이며 많은 수술비를 현금으로 요구한다는 것이다.

마티외는 친구인 다니엘에게 마르셀이 임신했다는 사실을 알리고 돈을 빌려달라고 부탁한다. 그러나 다니엘은 돈이 있으면서도 마티외에게 빌려주지 않는다. 그 대신 공무원들에게 돈을 빌려주는 조합이 있음을 알려주고 마티외에게 마르셀과 결혼할 것을 제의한다. 그러나 마티외의 결심은 확고하기만 하다. 그는 마르셀과 결혼하고 아버지가 되는 것을 도저히 받아들일 수가 없는 것이다.

그런데 한 가지 궁금한 점이 있다. 다니엘은 많은 돈을 가졌으면서도 왜 마티외에게 돈을 빌려주는 것을 거절했을까? 여기에는 두 가지 이유가 있다. 첫 번째 이유는 다니엘이 사디스트이기 때문이다. 그는 자신의 존재를 정당화하기 위해 다른 사람들에게 나쁜 행동조차도 스스럼없이 한다. 그러면서 타인의 의식에 각인된 이미지를 통해 자신이 살아있음을 느낀다. 다니엘에게는 그 이미지가 나쁜 것이어도 상관이 없다. 다니엘은 이런 까닭으로 마티외에게 돈을 빌려주는 것을 거절한 것이다. 또 다른 이유는 다니엘이 마티외 몰래 마르셀과 만나고 있기 때문이다. 따라서 다니엘은 마르셀을 만나 마르셀이 정말로 아이를 낳는 것을 원하는지 알고 싶어 한다. 그러니까 다니엘은 마티외의 말만 믿고 선뜻 돈을 빌려주고 싶지 않은 것이다.

마티외와 만난 초창기에 마르셀은 아이를 원하지 않았다. 또한 5년 전에 마티외가 마르셀에게 결혼을 제의했을 때에도 먼저 거절했다. 2~3년 전에는 마티외와 대화를 나누면서 마르셀은 임신하면 낙태 수술을 받겠다고 한 적이 있다. 게다가 마르셀은 아이를 가진 친구들을 '부화기'라고 부르면서 멸시하기까지 했다. 마르셀이 아이를 낳기를 원한다는 것은 불가능하다. 만약 그녀가 아이를 낳기를 원한다면 그것을 분명 마티외에게 얘기했을 것이다. 왜냐하면 모든 것을 다 털어놓고 얘기하기로 약속을 했으니까 말이다. 이것이 마티외의 생각이었다.

만약 그녀가 아이 낳기를 바란다면? 그렇다면 만사가 끝장이다. 잠깐 그런 생각만 해도 모든 것의 의미가 달라지고, 전연 딴 이야기가 되고 만다. 그리고 마티외 자신도 머리끝에서 발끝까지 사람이 달라지고, 자기를 부단히 속여 온 치사스런 놈이 되고 말 것이다. 그러나 다행히 그것은 사실이 아니었다. 사실일 수가 없다. 결혼한 친구들이 임신했다는 이야기를 들었을 때 마르셀이 그녀들을 멸시하는 것을 나는 여러 번 들은 적이 있다. 그리고 그녀들을 부화기라고 부르면서 이렇게 비웃는 것이었다. "애를 낳는다고 정말 꼴사납게 구는군." 이런 말을 하고 나서도 슬그머니 의견을 바꾼다면 그건 배신행위다. 마르셀은 배신할 여자가 아니다. 아이를 낳고 싶으면 나한테 그런 말을 했을 것이다. 그렇게 말하지 못할 이유가 어디에 있는가? 우린 무엇이든지 다 털어놓고 이야기하자고 약속한 사이가 아닌가!

그러나 상황은 마티외의 생각과는 정반대로 흘러간다. 그러니까 마르셀은 아이를 낳고 싶어 한다. 아이를 낳고 엄마가 되어 아이에게 필요한 존재가 되고 싶어 하는 것이다.

그러나 그녀는 살며시 자기 배를 만져 보지 않을 수가 없었다. 그녀는 "여기다, 여기"라고 생각했다. 자기처럼 살아 있고, 불우한 그 무엇. 자기의 생명처럼 허망하고 쓸데없는 생명……. 그녀는 갑자기 뜨거운 정열을 느끼면서 생각했다. "그 생명은 내 것이 될 수도 있으리라. 비록 백치이고 기형아일망정 내 것이 될 수도 있으리라." 그러나 이 남모를 욕망. 이 어두운 맹세는 고독하기만 하고, 남에게 고백할 수 없는 것이었다. 이런 마음을 숨겨야만 하다니 별안간 자신이 죄인처럼 느껴져 무서웠다.

마르셀은 마티외와 모든 것을 다 털어놓고 말한다는 계약을 맺었기 때문에 이제는 아이를 낳고 싶다는 의사를 그에게 전달해야 했다. 이 사실과 관련해 마르셀은 스스로 자신의 잘못을 인정한다.

> "나는 그를 증오하고 싶지는 않다. 그에게도 그만한 권리가 있다. '사고가 날 경우에……' 하고 늘 말해 왔으니까. 그이야 내 본심을 알 수가 없지. 아무 말도 안 한 것은 내 잘못이지.

그러나 마르셀은 이 계약조건은 모두 남자인 마티외에게 편리한 조건이라고 판단한다. 그러니까 마티외는 "무슨 일이 있으면 마르셀이 나에게 말할 테지"라고만 생각하고 있다는 것이다. 그러니까 마르셀은 2~3년 전의 말만 믿고 임신 소식을 듣자마자 냉큼 수술을 받자고 결론을 내려버린 마티외를 원망하는 것이다. 한순간이라도 그가 주저하는 빛을 보였더라면 마르셀은 마티외에게 아이를 낳고 싶다는 뜻을 밝혔을 수도 있다. 하지만 마티외는 계약결혼의 약속을 믿고 상황을 자기 입장에서만 판단할 뿐, 결코 마르셀의 입장을 고려하지 않는다. 마르셀은 급기야 이런 마티외에게 원망을 넘어 증오의 감정 - 이 증오의 감정은 앞에서 보았던 『초대받은 여자』에서 크자비에르가 프랑수아즈에게 품었던 그것과 유사하다고 할 수 있다 - 을 품게 된다.

그녀의 하루가 시작된 것이다. 이제는 더 이상 아무런 생각도 없이, 손을 머릿속에 파묻고 기다렸다. "아침엔 으레 두 번씩 토하니까." 그런데 문득, "그럼 지워버리지. 싫은가?" 하던 때의 담담하고, 자신감 있던 마티외의 얼굴이 떠올랐다. 그러자 증오가 번갯불처럼 그녀의 온몸을 뚫고 지나갔다.

이처럼 마르셀이 아이를 낳고 싶어 하는 마음을 마티외에게 말하지 못한 사실에 대해 원망을 하고 있는 동안에도 마티외는 돈을 구하기 위해 동분서주한다. 다니엘에게서 거절을 당한 마티외는 이제 친형인 자크에게 가서 사정을 말하고 돈을 빌려줄 것을 부탁한다. 그러나 자크의 반응은 냉담했다. 여기서 자크의 반응을 좀 더 자세히 살펴볼 필요가 있는데, 그것은 그가 곧 사르트르와 보부아르의 계약결혼에 대해 당시의 부르주아들이 보인 반응을 충실하게 보여주고 있기 때문이다.

대소인代訴人인 자크는 결혼한 부르주아의 삶을 꾸려가고 있다. 마르셀이 임신했다는 사실과 돈이 필요로 하다는 사실을 마티외가 말했을 때 자크는 그가 결혼을 하려는 것으로 오해를 한다. 그러나 유산을 시키기로 결정했다는 말에 자크는 마티외에게 돈을 빌려주는 것을 거절하면서 일장 훈계를 퍼붓는다. 우선 불법 낙태 수술에 대한 단속이 심하다는 사실을 환기시킨다. 그가 동생에게 돈을 빌려주었다가 일이 잘못되었을 경우 자기에게 불똥이 될 것을 염려한 것이다. 또한 자크는 아이를 지우는 것은 일종의 '형이상학적 살인'이라고 규정한다. 그러면서 그처럼 위험천만한 일에는 끼어들고 싶지 않다는 의사를 분명히 한다. 자크는 이어서 마티외가 누리는 계약결혼 자체를 비판한다. 자크에 따르면 마티외는 이미 결혼을 했다. 다만 마티외가 "결혼의 온갖 장점을 이용"하는 한편 "자신의 원칙을 방패로 삼아 결혼이 가져오는 불편한 점을 제거한다"는 것이다. 또한 마티외가 부르주아 계층을 비난하면서도 결국 똑같은 부르주아 생활을 하고 있다며 비난한다. 요컨대 마티외가 누리는 생활은 자기기만을 바탕으로 이루어진다는 것이다. 그러면서 34세가 된 마티외에게 이제 철들 나이가 되었다는 것을 극구 강조한다.

"나는 네 젊음을 비난하는 건 아니다. 오히려 너는 요행히 탈선을 하지 않고 잘 살아온 감도 있다고 본다. (……) 너는 반항과 무질서에 대한, 그것도 근본을 파헤쳐 보면 극히 소극적인, 그런 자유로운 취미를 가지고 있다. 그런데 한편으로는 관습적인 질서와 도덕적 건강을 따르는 경향도 가지고 있어. 네 생활은 이 두 가지의 끊임없는 타협의 연속이야. 그 결과 너는 언제나 무책임한 노학생과 같은 상태에 머물러 있는 것이다. 이봐, 그러니 네 자신을 잘 살펴보라고. 너는 지금 서른네 살이다. (……) 도대체 그 보헤미안 생활이 너에게 이젠 어울리지도 않는다. 백년 전에는 매우 멋있·

는 것이었는지도 모르지만, 지금에 와서는 그 누구에게도 대수롭지 않고, 말하자면 기차 시간을 놓쳐 버린 극소수의 길 잃은 사람들이 누리는 생활에 지나지 않는다. 너도 이제 철들 나이가 되었다. 마티외, 철들 나이가 되었어. 그래, 너는 철이 들어야 할 나이가 됐단 말이다."

마지막으로 자크는 마티외에게 결혼을 조건으로 돈을 빌려줄 수 있다는 사실을 암시한다.

그러나 마티외는 자크의 제안을 받아들이지 않는다. 그렇다고 해서 수술에 필요한 돈을 쉽게 구하지도 못한다. 그는 급기야 제자 보리스에게 그의 애인인 로라에게서 자기 대신 돈을 조금 빌릴 것을 부탁하기도 한다. 그러나 로라는 보리스에게 돈을 빌려주는 것을 거절한다.

어느 날 로라와 같이 자고 일어난 보리스는 로라가 혼수상태에 빠진 것을 보고, 로라가 마약을 과용해서 죽었다고 생각한다. 보리스는 무서워서 로라의 방에서 빠져나와 마티외와 자신의 누나인 이비쉬와 만나기로 한 장소로 와서 비보를 전한다. 로라는 가끔씩 마약을 투여했는데, 마약 구입과 관련해 보리스가 로라에게 보낸 편지들이 로라의 방에 그대로 있었다. 로라가 진짜로 죽었다면 경찰이 와서 조사를 하게 될 것이고, 그가 보낸 편지들로 그는 자연히 경찰에 증인으로 출두해야 하는 상황에 처할 수도 있다. 그래서 보리스는 편지들을 반드시 회수해야 했다. 보리스의 말을 듣던 마티외는 그가 자기를 위해 로라의 돈을 임시로 갖다 쓸 수 있는 기회를 마련해 주는 연극을 꾸미고 있다고 생각한다. 그래서 마티외는 로라의 방으로 간다.

로라의 방에 도착한 마티외는 우선 보리스의 편지들을 챙긴다. 그리고 로라의 핸드백 속에 있는 돈을 보지만 결국 그 돈을 훔치지 못한 채 방을 나온다. 그는 마르셀의 임신으로 자기 생의 기로에 서있다. 마르셀의 유산에 필요한 돈을 구하는 시도들이 하나둘 실패로 돌아가는 상황에서 그는 심한 갈등을 겪는다. '돈을 훔칠 것인가, 말 것인가?' '그냥 마르셀과 결혼해서 같이 살 것인가?' '아니다, 마르셀을 노파에게 보내자' '아니다. 그럴 수는 없다. 결혼을 해버리자' 등등. 마티외는 이처럼 심한 갈등을 겪으면서 돈을 훔치기 위해 로라의 방으로 다시 들어간다. 그러나 그때 로라가 혼수상태에서 깨어나고 결국 돈을 훔치지 못한다.

이처럼 로라의 돈을 훔치려는 시도가 실패로 돌아가자 마티외는 마르셀과 결혼하겠다는 결심을 굳힌다. 돈을 구하기 위해 동분서주하는 마티외에게 다니엘이 전보를 보내서 만나자고 한다. 마티외를 만난 다니엘은 다짜고짜 그가 마르셀과 마르셀의 집에서 한 달에 두 번씩 만났다는 사실을 고백한다. 마티외는 다니엘의 이 고백에 당황한다. 왜냐하면 마티외는 마르셀과 모두 말한다는 계약을 맺었기 때문이다. 그런데 다니엘의 말에 따르면 반 년 전부터 마르셀은 마티외를 속인 것이다.

"그래, 자주 만나?"

"이따끔씩 만나지. 한 달에 두 번 정도"

"그런데, 만나서 무슨 얘기를 하는 거지?"

(……)

다니엘은 냉담하게 대답했다.

"별난 얘기 다 하지. 마르셀이 물론 나한테서 차원이 높은 고상한 얘기를 기대하는 것은 아니야. 하지만 그녀에겐 그것이 위안이 되거든."

"믿을 수가 없군. 자네들은 아주 딴판인데."

마티외는 그들이 같이 있는 쑥스러운 장면을 머릿속에서 지워 버릴 수가 없었다. 능글맞고 귀족적인 멋을 부리며, 점잔을 빼고 있는 다니엘이 카그리오스트로와 같은 표정으로, 아프리카 사람처럼 늘어진 미소를 짓고 있다. 그리고 그 앞에는 마르셀이 정성스럽고도 긴장한 낯으로 어색하게 앉아 있다……. 정말 정성스럽고, 긴장한 낯을 하고 있을까? 아니, 마르셀이 그처럼 긴장할 리는 없다. "빨리 오세요. 천사장天使長님, 천사장님이 오시기를 기다리고 있어요." 마르셀이 그런 말을 썼다니! 마르셀이 그런 노골적인 교태를 꾸며 보이다니! 비로소 마티외는 분노가 스며드는 것을 느꼈다. "그녀가 나를 속였다. 반년 전부터 거짓말을 해온 거다." 마티외는 그런 생각을 하고 어리둥절해서 말을 다시 이었다.

"마르셀이 나한테 숨겨 온 것이 있다니 정말 이상하군."

다니엘은 말이 없었다.

"자네가 마르셀에게 말하지 말라고 시켰나?"
마티외가 물었다.
"그래, 내가 시켰지."

그러나 다니엘은 마티외를 더 당황하게 만들 얘깃거리를 가지고 있었다. 그것은 바로 마르셀이 아이 낳기를 원한다는 것이다. 다니엘은 마티외의 부탁을 거절하고 나서 마르셀을 찾아가 마르셀이 아이를 원한다는 것을 확인한다. 다니엘에게서 마르셀이 아이를 낳고 싶어한다는 말을 듣고 마티외는 심한 배신감을 느낀다. 마티외는 마르셀에 관한 얘기를 하면서 다니엘이 '우리'라는 단어를 사용하는 것에 대해 적잖이 당황한다. 왜냐하면 앞에서도 지적했듯이 '우리'라는 칭호는 사랑이 완성되었다는 증거이기 때문이다.

"하기야 우리는 언젠가는 그 일을 자네한테 알릴 생각이었어. 그러나 공모자 노릇을 하는 것이 재미있어서 하루 이틀 미루어 온 거지."
다니엘이 말했다.

우리! 우리라고 말하다니! 마티외에게 마르셀 이야기를 하면서 우리라고 말할 수 있는 놈이 있다니! 마티외는 밉살맞게 다니엘을 바라보았다. 지금이야말로 그를 미워할 수 있는 순간이다. 그러나 다니엘은 여느 때처럼 무방비 상태였다. 마티외는 별안간 그에게 물었다.

"다니엘, 마르셀이 왜 그런 짓을 했을까?"

"글쎄, 자네한테 말한 대로야. 그렇게 시켰다니까. 그리고 비밀을 갖는다는 것이 그녀에게 재미있었겠지."

다니엘이 대답했다.

마티외는 고개를 흔들었다.

"아니야. 그것만이 아닐 거야. 마르셀은 자기가 하는 짓을 잘 알고 있어, 그런데 왜 마르셀이 그런 짓을 했느냐 말이야."

"글쎄……. 노상 자네가 던지는 볕을 쬐고 사는 건 불편했던 모양이야. 어디 그늘진 구석을 찾아보려고 한 것이겠지."

다니엘의 이야기를 듣고도 마티외는 마르셀이 임신할 경우 아이를 낳지 않겠다는 생각을 지금도 하고 있으리라고 굳게 믿었다. 왜냐하면 그 뒤에도 마르셀이 마티외에게 다른 뜻을 밝히지 않았기 때문이다. 마티외는 수술에 필요한 돈을 구하기 위해 더욱 노력한다. 그는 다니엘이 가르쳐준 적이 있는 공무원에게 돈을 빌려주는 조합으로 간다. 그러나 그곳에서는 돈을 빌리기 위한 신원조회를 하는 데만 2주 이상이 걸리는 상황이었다. 마침내 그는 로라의 방을 다시 찾는다. 그리고 이번에는 로라의 돈을 훔쳐 그 돈을 갖고 마르셀에게로 간다. 그는 마르셀에게 그 돈을 로라에게서 훔쳤다는 사실을 고백한다. 그리고 마지막으로 마르셀에게 정말로 아이를 낳고 싶은

지 묻고, 마르셀과 결혼할 생각도 있다고 말한다. 그러나 이미 마티외에게서 마음이 떠난 마르셀은 자존심이 상할 대로 상해 그의 요구를 모조리 거절한다.

이처럼 마르셀과 갈라선 마티외에게 다니엘은 다른 사실을 털어 놓는다. 그가 마르셀과 결혼해 아이를 낳아 기르겠다는 것과 만약 아들을 낳으면 그의 이름을 '마티외'라고 짓겠다는 것이다. 그리고 사실 자신은 남색가라고 밝힌다. 다니엘의 고백에 마티외는 마르셀을 남색가와 결혼하도록 내버려둬서는 안 된다고 생각한다. 그래서 마르셀에게 전화를 걸어 결혼하겠다는 의사를 밝힌다. 그러나 전화 저쪽에서는 아무런 대답도 들리지 않는다. 마티외와 마르셀의 관계는 이제 정말로 끝이 난 것이다. 그들의 계약결혼도 역시 파경에 이른다. 그리고 다니엘은 말한 대로 마르셀과 결혼해 아이를 낳아 기른다.

이처럼 『철들 무렵』에서 볼 수 있는 마티외와 마르셀의 계약결혼은 보부아르의 『초대받은 여자』와는 아주 다른 이유로 파경을 맞는다. 『초대받은 여자』에 나오는 피에르와 프랑수아즈의 경우에는 우연한 사랑에 대한 권리를 서로 인정하고 있다. 이런 면에서 피에르와 프랑수아즈와의 계약결혼은 사르트르와 보부아르의 그것과 유사하다. 하지만 『철들 무렵』에서 볼 수 있는 마티외와 마르셀의 계약결혼은 이 두 커플의 계약결혼과는 약간 다른 형태를 보여준다. 『철들 무렵』의 마르셀도 마티외와 이비취가 가까운 사이라는 것을 알고 있다. 또한 마티외가 이비취와 관계를 가지는 것을 허락할 생각까지도 품고 있다. 하지만 마티외와 마르셀은 드러내놓고 각자의 우연한 형태의 사랑에 대한 권리를 인정하고 있지는 않다.

앞에서 보았듯이 현실의 사르트르와 보부아르, 혹은 『초대받은 여자』의 피에르와 프랑수아즈의 계약결혼은 각각 올가와 크자비에르라는 제3자의 개입으로 큰 영향을 받았다. 물론 『철들 무렵』의 마티외와 마르셀의 계약결혼에도 이비취라는 제3자가 관련되어 있기는 하다. 그러나 앞의 두 경우와는 달리 이비취의 영향력은 약하다. 올가와 크자비에르와 마찬가지로 이비취 역시 지방 도시 출신이다. 그리고 이비취의 부모는 러시아 혁명 때 프랑스로 건너온 것으로 되어 있는데, 이것은 올가의 가정환경과 매우 비슷하다. 다만 올가에게 완다라는 여동생이 있지만 이비취에게는 마티외의 제자인 보리스라는 남동생이 있는 것이 다르다. 이비취는 파리에 와서 의사가 되기 위해 공부를 하고 있었지만 PCB(의학예비과정시험)의 시험에 낙방해 다시 지방으로 되돌아가야만 하는 처지에 놓인다. 올가와 크자비에르와 마찬가지로 젊음, 순진함, 반항심 등의 상징인 이비취 역시 마티외의 사랑의 대상이 된다. 그러나 올가와 크자비에르와는 달리 마티외와 이비취의 관계는 『철들 무렵』에서 상당히 절제해 그려지고 있다. 또한 그들의 관계는 마티외와 마르셀의 계약결혼에 영향을 미칠 정도까지 발전하지 않는다.

『철들 무렵』에서 사르트르가 가장 중점을 둔 것은 보부아르와의 계약결혼에서 가장 중요한 조건인 서로 아무것도 숨기지 않는다는 조건이다. 앞에서 이 조건은 의사소통의 이상 정립을 목표로 하고 있다고 했다. 그러나 사랑과 언어의 실패로 마티외와 마르셀의 계약결혼 조건은 제대로 실현될 수 없었다. 그러나 그렇다고 해서 그들이 시도한 계약결혼이 무의미한 것은 아니다. 비록 그들의 시도는 실패로 돌아갔지만 앞에서 말한 언어의 실패를 넘어설 가능성이 있음을 보여준다.

계약결혼, 그 힘들고 긴 여정

지금까지 사르트르와 보부아르의 관계를 중심으로 계약결혼에 대해 - 그들의 만남에서 계약결혼에 이르는 과정, 그 과정에서 그들이 겪은 위기, 그들이 계약결혼에 부여한 근본 의미, 그리고 문학으로의 형상화 등 - 살펴보았다. 그 과정에서 그들의 계약결혼이 단순히 젊은이들의 혼전 결혼 연습이나 실험 결혼과는 거리가 멀다는 사실을 확인할 수 있었다. 또한 그들의 계약결혼의 바탕에는 각자가 중시한 사유들이 놓여 있다는 사실 또한 확인할 수 있었다. 즉, 그들의 계약결혼은 의사소통의 이상 관계를 정립한다는 그들의 철학에 그 뿌리를 두고 있다는 것이다.

보부아르는 한 친구에게 사르트르와 계약결혼을 끝까지 유지하는 것이 결코 쉬운 일이 아니었다고 고백한다. 이것은 그들의 계약결혼이 요즘 사람들이 생각하는 일회적인 실험관계가 아님을 보여준 것이다. 물론 보부아르가 사르트르와 계약결혼을 유지하는 것이 힘들었다는 것은 앞에서 살펴보았듯이 복잡한 남녀관계 때문일 수도 있다. "씨앗 싸움에는 망부석도 돌아앉는다"는 말이 있지 않은가. 보부아르와 사르트르가 아닌 그 누구라도, 사랑하는 사람이 자신 이외의 이성과 육체관계를 가진 이야기를 듣는 것을 좋아할 사람이 어디 있겠는가? 그러나 보부아르가 사르트르와의 계약결혼을 끝까지 유지하기 힘들어 한 데는 또 다른 이유가 있었을 것이다. 가령 1929년에 그들을 향해 쏟아졌던, 계약결혼에 대해 부정적인 사람들의 비판 등을 들 수 있다.

그러나 보부아르가 말하는 계약결혼의 어려움의 핵심은 보부아르와 사르트르가 그들의 계약결혼에 부여한 철학에서 비롯한다. 앞에서 살펴본 것처럼, 사르트르의 사유체계 안에서 인간들이 맺는 존재관계는 한 인간의 주체성과 다른 인간의 주체성의 결합을 전제로 하기에, 사랑과 언어는 실패로 끝날 수밖에 없다. 그런데 사르트르와 보부아르가 1929년에 계약결혼을 맺으면서 세운 목표는 바로 사랑과 언어를 실패로 끝나도록 놔둬서는 안 된다는 것이었다. 다시 말해 그들은 50여 년 이상의 세월 동안 자신들이 불가능하다고 여긴 사실에 도전했던 것이다.

보부아르는 사르트르가 세상을 떠나기 전 그와 치룬 '작별

의식'으로 상당히 긴 인터뷰를 했다. 그 기회를 통해 보부아르는 사르트르와 보낸 그 긴 시간이 몹시도 아름다웠다고 회상했다.

> 사르트르의 죽음은 우리를 갈라놓았다. 내가 죽어도 우리는 재결합하지 못할 것이다. 이제 뭐라고 해도 별 수 없다. 우리의 삶이 그토록 오랫동안 조화롭게 하나였다는 사실이 그저 아름다울 뿐이다.

사르트르와 보부아르보다 훨씬 이전에 살았던 또 다른 한 쌍의 남녀인 뮈세A. Musset와 상드G. Sand는 다음과 같은 소망을 피력했다.

> 후세 사람들은 우리들의 이름을 마치 두 사람이 하나인 불멸의 사랑하는 사람들의 이름처럼 반복해서 외울 것이다. (……) 한 사람의 이름을 입에 올리지 않고서는 절대로 다른 사람의 이름을 입에 올릴 수가 없을 것이다.

뮈세와 상드가 피력한 소망은 오히려 사르트르와 보부아르에게 보다 들어맞는 것처럼 보인다. 앞에서도 말했듯이 사르트르와 보부아르는 죽어서도 같은 곳에 나란히 묻힌다. 또한 한 사람을 떠올리기 위해서는 반드시 다른 사람을 떠올려야만 할 정도로 밀접하게 연결되어 있다. 보부아르는 사르트르와 만난 뒤를 회상하면서 약 1,000여 쪽에 달하는 세 권의 책에 거의 매 쪽마다 여러 차례에 걸쳐 사르트르의 이름을 거론했다. 또한 다른 사람들이 쓴 사르트르와 보부아르의 전기에서도 그 사정은 비슷하다. 이것이 바로 살아 있을 때와 마찬가지로 죽어서도 그들이 소망한 대로 '하나'가 되었다는 분명한 증거일 것이다. 그리고 이처럼 '하나'가 될 수 있었다는 사실이 한 평자가 제기하는 다음과 같은 수수께끼에 대한 답이 될 수 있을 것이다.

대체 그녀는 그 안경 낀 남자를 어떻게 참고 살 수 있었던 것일까? 쇳소리의 포주 같은 목소리하며, 쭈글쭈글한 파란색 정장, 게(crabe)와 동성애자들과 나무뿌리와 존재의 질척한 더러움과 하이데거스러운 짬뽕 철학에 집착하던 그 남자를. 생기발랄함과 불같은 열정과 재치와 신선함을 지닌 그녀였는데 말이다. 정말 미스터리다.

참고문헌

Bair (Deirdre), 『Beauvoir』, Gallimard, coll. Biographies, 1989. (데어드르 베어, 김석희 옮김, 『시몬 드 보부아르』, 웅진문화, 1991.)

Beauvoir (Simone de), 『L'Invitée』, Gallimard, coll. Folio, 1943. (시몬 드 보부아르, 전성자 옮김, 『초대받은 여자』, 홍성사, 1987(1978).)

──────, 『Mémoires d'une jeune fille rangée』, Gallimard, coll. Folio, 1958. (이영선 옮김, 『자유로운 여자』, 산호, 1993.)

──────, 『La Force de l'âge』, Gallimard, coll. Folio, 2 vols., 1960.

──────, 『La Force des choses』, Gallimard, coll. Folio, 2 vols., 1964.

──────, 『La Cérémonie des adieux suivi de Entretiens avec Sartre, août-septembre 1974』, Gallimard, 1981. (전성자 옮김, 『작별의 예식』, 『보봐르에게 남긴 사르트르 최후의 말』, 두레, 1982.)

──────, 『Lettres à Sartre』, Gallimard, 2 vols., 1990.

──────, 『Lettres à Nelson Algren』, Gallimard, 1997. (이정순 옮김, 『연애편지』, 열림원, 2 vols., 1999.)

Poisson (Xatherine), 『Sartre et Beauvoir : Du Je au Nous』, Rodopi, coll. Faux titre, 2002.

Sartre (Jean-Paul), 『L'Etre et le Néant : Essai d'ontologie phénoménologique』, Gallimard, coll., Bibliothèque des Idées, 1943. (장 폴 사르트르, 손우성 옮김, 『존재와 무』, 삼성출판사, 2 vols., 1982.)

──────, 『L'Age de raison, in Œuvres romanesques』, Gallimatd, coll. Bibliothèque de la Pléiade, 1980. (최석기 옮김, 『철들 나이』, 고려원, 1991.)

──────, 『Lettres au Castor et à quelques autres』, Gallimard, 2 vols., 1983.

발터 반 로숨, 양인모·정승화 옮김, 『실험적 사랑 - 사르트르와 보부아르』, 생각의 나무, 2003.

헤이젤 로울리, 김선형 옮김, 『사르트르와 보부아르 - 천국에서 지옥까지』, 해냄, 2006.

프랑스엔 〈크세주〉, 일본엔 〈이와나미 문고〉, 한국에는 〈살림지식총서〉가 있습니다.

📱 전자책 | 🔍 큰글자 | 🔊 오디오북

001 미국의 좌파와 우파 | 이주영 📱🔍
002 미국의 정체성 | 김형인 📱🔍
003 마이너리티 역사 | 손영호 📱
004 두 얼굴을 가진 하나님 | 김형인 📱
005 MD | 정욱식 📱🔍
006 반미 | 김진웅
007 영화로 보는 미국 | 김성곤 📱
008 미국 뒤집어보기 | 장석정
009 미국 문화지도 | 장석정
010 미국 메모랜덤 | 최성일
011 위대한 어머니 여신 | 장영란 📱🔍
012 변신이야기 | 김선자
013 인도신화의 계보 | 류경희 📱🔍
014 축제인류학 | 류정아 📱
015 오리엔탈리즘의 역사 | 정진농 📱🔍
016 이슬람 문화 | 이희수 📱🔍
017 살롱문화 | 서정복
018 추리소설의 세계 | 정규웅 🔍
019 애니메이션의 장르와 역사 | 이용배 📱
020 문신의 역사 | 조현설
021 색채의 상징, 색채의 심리 | 박영수 📱🔍
022 인체의 신비 | 이성주 📱🔍
023 생명무기 | 배우철
024 이 땅에서 우리말로 철학하기 | 이기상
025 중세는 정말 암흑기였나 | 이경재 📱🔍
026 미셸 푸코 | 양운덕 📱🔍
027 포스트모더니즘에 대한 성찰 | 신승환 📱🔍
028 조폭의 계보 | 방성수
029 성스러움과 폭력 | 류성민 📱
030 성상 파괴주의와 성상 옹호주의 | 진형준 📱
031 UFO학 | 성시정 📱
032 최면의 세계 | 설기문
033 천문학 탐구자들 | 이면우
034 블랙홀 | 이충환 📱
035 법의학의 세계 | 이윤성 📱🔍
036 양자 컴퓨터 | 이순칠 📱
037 마피아의 계보 | 안혁 📱🔍
038 헬레니즘 | 윤진 📱
039 유대인 | 정성호 📱🔍
040 M. 엘리아데 | 정진홍 📱
041 한국교회의 역사 | 서정민 📱🔍
042 야웨와 바알 | 김남일 📱
043 캐리커처의 역사 | 박창석
044 한국 액션영화 | 오승욱 📱
045 한국 문예영화 이야기 | 김남석 📱
046 포켓몬 마스터 되기 | 김윤아 📱
047 판타지 | 송태현 📱
048 르 몽드 | 최연구 📱
049 그리스 사유의 기원 | 김재홍 📱
050 영혼론 입문 | 이정우
051 알베르 카뮈 | 유기환 📱
052 프란츠 카프카 | 편영수 📱
053 버지니아 울프 | 김희정 📱
054 재즈 | 최규용 📱
055 뉴에이지 음악 | 양한수 📱
056 중국의 고구려사 왜곡 | 최광식 📱🔍
057 중국의 정체성 | 강준영 📱🔍
058 중국의 문화코드 | 강진석 🔍
059 중국사상의 뿌리 | 장현근 📱🔍
060 화교 | 정성호
061 중국인의 금기 | 장범성
062 무협 | 문현선 📱
063 중국영화 이야기 | 임대근 📱
064 경극 | 송철규 📱
065 중국적 사유의 원형 | 박정근 📱
066 수도원의 역사 | 최형걸 📱
067 현대 신학 이야기 | 박만 📱
068 요가 | 류경희 📱
069 성공학의 역사 | 정해윤 📱
070 진정한 프로는 변화가 즐겁다 | 김학선 📱🔍
071 외국인 직접투자 | 송의달
072 지식의 성장 | 이한구 📱🔍
073 사랑의 철학 | 이정은 📱
074 유교문화와 여성 | 김미영 📱
075 매체 정보란 무엇인가 | 구연상 📱🔍
076 피에르 부르디외와 한국사회 | 홍성민 📱
077 21세기 한국의 문화혁명 | 이정덕 📱
078 사건으로 보는 한국의 정치변동 | 양길현 📱🔍
079 미국을 만든 사상들 | 정경희 📱🔍
080 한반도 시나리오 | 정욱식 📱
081 미국인의 발견 | 우수근 📱
082 미국의 거장들 | 김홍국 📱
083 법으로 보는 미국 | 채동배
084 미국 여성사 | 이창신 📱
085 책과 세계 | 강유원 🔍
086 유럽왕실의 탄생 | 김현수 📱🔍
087 박물관의 탄생 | 전진성 📱
088 절대왕정의 탄생 | 임승휘 📱🔍
089 커피 이야기 | 김성윤 📱
090 축구의 문화사 | 이은호
091 세기의 사랑 이야기 | 안재필 📱🔍
092 반연극의 계보와 미학 | 임준서 📱

093 한국의 연출가들 | 김남석	147 뱀파이어 연대기 | 한혜원
094 동아시아의 공연예술 | 서연호	148 위대한 힙합 아티스트 | 김정훈
095 사이코드라마 | 김정일	149 살사 | 최명호
096 철학으로 보는 문화 | 신응철	150 모던 걸, 여우 목도리를 버려라 | 김주리
097 장 폴 사르트르 | 변광배	151 누가 하이카라 여성을 데리고 사누 | 김미지
098 프랑스 문화와 상상력 | 박기현	152 스위트 홈의 기원 | 백지혜
099 아브라함의 종교 | 공일주	153 대중적 감수성의 탄생 | 강심호
100 여행 이야기 | 이진홍	154 에로 그로 넌센스 | 소래섭
101 아테네 | 장영란	155 소리가 만들어낸 근대의 풍경 | 이승원
102 로마 | 한형곤	156 서울은 어떻게 계획되었는가 | 염복규
103 이스탄불 | 이희수	157 부엌의 문화사 | 함한희
104 예루살렘 | 최창모	158 칸트 | 최인숙
105 상트 페테르부르크 | 방일권	159 사람은 왜 인정받고 싶어하나 | 이정은
106 하이델베르크 | 곽병휴	160 지중해학 | 박상진
107 파리 | 김복래	161 동북아시아 비핵지대 | 이삼성 외
108 바르샤바 | 최건영	162 서양 배우의 역사 | 김정수
109 부에노스아이레스 | 고부안	163 20세기의 위대한 연극인들 | 김미혜
110 멕시코 시티 | 정혜주	164 영화음악 | 박신영
111 나이로비 | 양철준	165 한국독립영화 | 김수남
112 고대 올림픽의 세계 | 김복희	166 영화와 샤머니즘 | 이종승
113 종교와 스포츠 | 이창익	167 영화로 보는 불륜의 사회학 | 황혜진
114 그리스 미술 이야기 | 노성두	168 J.D. 샐린저와 호밀밭의 파수꾼 | 김성곤
115 그리스 문명 | 최혜영	169 허브 이야기 | 조태동 · 송진희
116 그리스와 로마 | 김덕수	170 프로레슬링 | 성민수
117 알렉산드로스 | 조현미	171 프랑크푸르트 | 이기식
118 고대 그리스의 시인들 | 김헌	172 바그다드 | 이동은
119 올림픽의 숨은 이야기 | 장원재	173 아테네인, 스파르타인 | 윤진
120 장르 만화의 세계 | 박인하	174 정치의 원형을 찾아서 | 최자영
121 성공의 길은 내 안에 있다 | 이숙영	175 소르본 대학 | 서정복
122 모든 것을 고객중심으로 바꿔라 | 안상헌	176 테마로 보는 서양미술 | 권용준
123 중세와 토마스 아퀴나스 | 박주영	177 칼 마르크스 | 박영균
124 우주 개발의 숨은 이야기 | 정홍철	178 허버트 마르쿠제 | 손철성
125 나노 | 이영희	179 안토니오 그람시 | 김현우
126 초끈이론 | 박재모 · 현승준	180 안토니오 네그리 | 윤수종
127 안토니 가우디 | 손세관	181 박이문의 문학과 철학 이야기 | 박이문
128 프랭크 로이드 라이트 | 서수경	182 상상력과 가스통 바슐라르 | 홍명희
129 프랭크 게리 | 이일형	183 인간복제의 시대가 온다 | 김홍재
130 리처드 마이어 | 이성훈	184 수소 혁명의 시대 | 김미선
131 안도 다다오 | 임채진	185 로봇 이야기 | 김문상
132 색의 유혹 | 오수연	186 일본의 정체성 | 김필동
133 고객을 사로잡는 디자인 혁신 | 신언모	187 일본의 서양문화 수용사 | 정하미
134 양주 이야기 | 김준철	188 번역과 일본의 근대 | 최경옥
135 주역과 운명 | 심의용	189 전쟁국가 일본 | 이성환
136 학계의 금기를 찾아서 | 강성민	190 한국과 일본 | 하우봉
137 미 · 중 · 일 새로운 패권전략 | 우수근	191 일본 누드 문화사 | 최유경
138 세계지도의 역사와 한반도의 발견 | 김상근	192 주신구라 | 이준섭
139 신용하 교수의 독도 이야기 | 신용하	193 일본의 신사 | 박규태
140 간도는 누구의 땅인가 | 이성환	194 미야자키 하야오 | 김윤아
141 말리노프스키의 문화인류학 | 김용환	195 애니메이션으로 보는 일본 | 박규태
142 크리스마스 | 이영제	196 디지털 에듀테인먼트 스토리텔링 | 강심호
143 바로크 | 신정아	197 디지털 애니메이션 스토리텔링 | 배주영
144 페르시아 문화 | 신규섭	198 디지털 게임의 미학 | 전경란
145 패션과 명품 | 이재진	199 디지털 게임 스토리텔링 | 한혜원
146 프랑켄슈타인 | 장정희	200 한국형 디지털 스토리텔링 | 이인화

201 디지털 게임, 상상력의 새로운 영토 | 이정엽
202 프로이트와 종교 | 권수영
203 영화로 보는 태평양전쟁 | 이동훈
204 소리의 문화사 | 김토일
205 극장의 역사 | 임종엽
206 뮤지엄건축 | 서상우
207 한옥 | 박명덕
208 한국만화사 산책 | 손상익
209 만화 속 백수 이야기 | 김성훈
210 코믹스 만화의 세계 | 박석환
211 북한만화의 이해 | 김성훈·박소현
212 북한 애니메이션 | 이대연·김경임
213 만화로 보는 미국 | 김기홍
214 미생물의 세계 | 이재열
215 빛과 색 | 변종철
216 인공위성 | 장영근
217 문화콘텐츠란 무엇인가 | 최연구
218 고대 근동의 신화와 종교 | 강성열
219 신비주의 | 금인숙
220 십자군, 성전과 약탈의 역사 | 진원숙
221 종교개혁 이야기 | 이성덕
222 자살 | 이진홍
223 성, 그 억압과 진보의 역사 | 윤가현
224 아파트의 문화사 | 박철수
225 권오길 교수가 들려주는 생물의 섹스 이야기 | 권오길
226 동물행동학 | 임신재
227 한국 축구 발전사 | 김성원
228 월드컵의 위대한 전설들 | 서준형
229 월드컵의 강국들 | 심재희
230 스포츠마케팅의 세계 | 박찬혁
231 일본의 이중권력, 쇼군과 천황 | 다카시로 고이치
232 일본의 사소설 | 안영희
233 글로벌 매너 | 박한표
234 성공하는 중국 진출 가이드북 | 우수근
235 20대의 정체성 | 정성호
236 중년의 사회학 | 정성호
237 인권 | 차병직
238 헌법재판 이야기 | 오호택
239 프라하 | 김규진
240 부다페스트 | 김성진
241 보스턴 | 황선희
242 돈황 | 전인초
243 보들레르 | 이건수
244 돈 후안 | 정동섭
245 사르트르 참여문학론 | 변광배
246 문체론 | 이종오
247 올더스 헉슬리 | 김효원
248 탈식민주의에 대한 성찰 | 박종성
249 서양 무기의 역사 | 이내주
250 백화점의 문화사 | 김인호
251 초콜릿 이야기 | 정한진
252 향신료 이야기 | 정한진
253 프랑스 미식 기행 | 심순철
254 음식 이야기 | 윤진아
255 비틀스 | 고영탁
256 현대시와 불교 | 오세영
257 불교의 선악론 | 안옥선
258 질병의 사회사 | 신규환
259 와인의 문화사 | 고형욱
260 와인, 어떻게 즐길까 | 김준철
261 노블레스 오블리주 | 예종석
262 미국인의 탄생 | 김진웅
263 기독교의 교파 | 남병두
264 플로티노스 | 조규홍
265 아우구스티누스 | 박경숙
266 안셀무스 | 김영철
267 중국 종교의 역사 | 박종우
268 인도의 신화와 종교 | 정광흠
269 이라크의 역사 | 공일주
270 르 코르뷔지에 | 이관석
271 김수영, 혹은 시적 양심 | 이은정
272 의학사상사 | 여인석
273 서양의학의 역사 | 이재담
274 몸의 역사 | 강신익
275 인류를 구한 항균제들 | 예병일
276 전쟁의 판도를 바꾼 전염병 | 예병일
277 사상의학 바로 알기 | 장동민
278 조선의 명의들 | 김호
279 한국인의 관계심리학 | 권수영
280 모건의 가족 인류학 | 김용환
281 예수가 상상한 그리스도 | 김호경
282 사르트르와 보부아르의 계약결혼 | 변광배
283 초기 기독교 이야기 | 진원숙
284 동유럽의 민족 분쟁 | 김철민
285 비잔티제국 | 진원숙
286 오스만제국 | 진원숙
287 별을 보는 사람들 | 조상호
288 한미 FTA 후 직업의 미래 | 김준성
289 구조주의와 그 이후 | 김종우
290 아도르노 | 이종하
291 프랑스 혁명 | 서정복
292 메이지유신 | 장인성
293 문화대혁명 | 백승욱
294 기생 이야기 | 신현규
295 에베레스트 | 김법모
296 빈 | 인성기
297 발트3국 | 서진석
298 아일랜드 | 한일동
299 이케다 하야토 | 권혁기
300 박정희 | 김성진
301 리콴유 | 김성진
302 덩샤오핑 | 박형기
303 마거릿 대처 | 박동운
304 로널드 레이건 | 김형곤
305 셰이크 모하메드 | 최진영
306 유엔사무총장 | 김정태
307 농구의 탄생 | 손대범
308 홍차 이야기 | 정은희

309	인도 불교사 | 김미숙	363	러시아의 정체성 | 기연수
310	아힌사 | 이정호	364	너는 시방 위험한 로봇이다 | 오은
311	인도의 경전들 | 이재숙	365	발레리나를 꿈꾼 로봇 | 김선혁
312	글로벌 리더 | 백형찬	366	로봇 선생님 가라사대 | 안동근
313	탱고 | 배수경	367	로봇 디자인의 숨겨진 규칙 | 구신애
314	미술경매 이야기 | 이규현	368	로봇을 향한 열정, 일본 애니메이션 | 안병욱
315	달마와 그 제자들 | 우봉규	369	도스토예프스키 | 박영은
316	화두와 좌선 | 김호귀	370	플라톤의 교육 | 장영란
317	대학의 역사 | 이광주	371	대공황 시대 | 양동휴
318	이슬람의 탄생 | 진원숙	372	미래를 예측하는 힘 | 최연구
319	DNA분석과 과학수사 | 박기원	373	꼭 알아야 하는 미래 질병 10가지 | 우정헌
320	대통령의 탄생 | 조지형	374	과학기술의 개척자들 | 송성수
321	대통령의 퇴임 이후 | 김형곤	375	레이첼 카슨과 침묵의 봄 | 김재호
322	미국의 대통령 선거 | 윤용희	376	좋은 문장 나쁜 문장 | 송준호
323	프랑스 대통령 이야기 | 최연구	377	바울 | 김호경
324	실용주의 | 이유선	378	테킬라 이야기 | 최명호
325	맥주의 세계 | 원융희	379	어떻게 일본 과학은 노벨상을 탔는가 | 김범성
326	SF의 법칙 | 고장원	380	기후변화 이야기 | 이유진
327	원효 | 김원명	381	상송 | 전금주
328	베이징 | 조창완	382	이슬람 예술 | 전완경
329	상하이 | 김윤희	383	페르시아의 종교 | 유흥태
330	홍콩 | 유영하	384	삼위일체론 | 유해무
331	중화경제의 리더들 | 박형기	385	이슬람 율법 | 공일주
332	중국의 엘리트 | 주장환	386	금강경 | 곽철환
333	중국의 소수민족 | 정재남	387	루이스 칸 | 김낙중·정태용
334	중국을 이해하는 9가지 관점 | 우수근	388	톰 웨이츠 | 신주현
335	고대 페르시아의 역사 | 유흥태	389	위대한 여성 과학자들 | 송성수
336	이란의 역사 | 유흥태	390	법원 이야기 | 오호택
337	에스파한 | 유흥태	391	명예훼손이란 무엇인가 | 안상운
338	번역이란 무엇인가 | 이향	392	사법권의 독립 | 조지형
339	해체론 | 조규형	393	피해자학 강의 | 장규원
340	자크 라캉 | 김용수	394	정보공개란 무엇인가 | 안상운
341	하지홍 교수의 개 이야기 | 하지홍	395	적정기술이란 무엇인가 | 김정태·홍성욱
342	다방과 카페, 모던보이의 아지트 | 장유정	396	치명적인 금융위기, 왜 유독 대한민국인가 | 오형규
343	역사 속의 채식인 | 이광조	397	지방자치단체, 돈이 새고 있다 | 최인욱
344	보수와 진보의 정신분석 | 김용신	398	스마트 위험사회가 온다 | 민경식
345	저작권 | 김기태	399	한반도 대재난, 대책은 있는가 | 이정직
346	왜 그 음식은 먹지 않을까 | 정한진	400	불안사회 대한민국, 복지가 해답인가 | 신광영
347	플라멩코 | 최명호	401	21세기 대한민국 대외전략 | 김기수
348	월트 디즈니 | 김지영	402	보이지 않는 위협, 종북주의 | 류현수
349	빌 게이츠 | 김익현	403	우리 헌법 이야기 | 오호택
350	스티브 잡스 | 김상훈	404	핵심 중국어 간체자(簡體字) | 김현정
351	잭 웰치 | 하정필	405	문화생활과 문화주택 | 김용범
352	워렌 버핏 | 이민주	406	미래주거의 대안 | 김세용·이재준
353	조지 소로스 | 김성진	407	개방과 폐쇄의 딜레마, 북한의 이중적 경제 | 남성욱·정유석
354	마쓰시타 고노스케 | 권혁기	408	연극과 영화를 통해 본 북한 사회 | 민병욱
355	도요타 | 이우광	409	먹기 위한 개방, 살기 위한 핵외교 | 김계동
356	기술의 역사 | 송성수	410	북한 정권 붕괴 가능성과 대비 | 전경주
357	미국의 총기 문화 | 손영호	411	북한을 움직이는 힘, 군부의 패권경쟁 | 이영훈
358	표트르 대제 | 박지배	412	인민의 천국에서 벌어지는 인권유린 | 허만호
359	조지 워싱턴 | 김형곤	413	성공을 이끄는 마케팅 법칙 | 추성엽
360	나폴레옹 | 서정복	414	커피로 알아보는 마케팅 베이직 | 김민주
361	비스마르크 | 김장수	415	쓰나미의 과학 | 이호준
362	모택동 | 김승일	416	20세기를 빛낸 극작가 20인 | 백승무

417 20세기의 위대한 지휘자 | 김문경
418 20세기의 위대한 피아니스트 | 노태헌
419 뮤지컬의 이해 | 이동섭
420 위대한 도서관 건축 순례 | 최정태
421 아름다운 도서관 오디세이 | 최정태
422 롤링 스톤즈 | 김기범
423 서양 건축과 실내디자인의 역사 | 천진희
424 서양 가구의 역사 | 공혜원
425 비주얼 머천다이징&디스플레이 디자인 | 강희수
426 호감의 법칙 | 김경호
427 시대의 지성, 노암 촘스키 | 임기대
428 역사로 본 중국음식 | 신계숙
429 일본요리의 역사 | 박병학
430 한국의 음식문화 | 도현신
431 프랑스 음식문화 | 민혜련
432 중국차 이야기 | 조은아
433 디저트 이야기 | 안호기
434 치즈 이야기 | 박승용
435 면(麵) 이야기 | 김한송
436 막걸리 이야기 | 정은숙
437 알렉산드리아 비블리오테카 | 남태우
438 개헌 이야기 | 오호택
439 전통 명품의 보고, 규장각 | 신병주
440 에로스의 예술, 발레 | 김도윤
441 소크라테스를 알라 | 장영란
442 소프트웨어가 세상을 지배한다 | 김재호
443 국제난민 이야기 | 김철민
444 셰익스피어 그리고 인간 | 김도윤
445 명상이 경쟁력이다 | 김필수
446 갈매나무의 시인 백석 | 이숭원
447 브랜드를 알면 자동차가 보인다 | 김흥식
448 파이온에서 힉스 입자까지 | 이강영
449 알고 쓰는 화장품 | 구희연
450 희망이 된 인문학 | 김호연
451 한국 예술의 큰 별 동랑 유치진 | 백형찬
452 경허와 그 제자들 | 우봉규
453 논어 | 윤홍식
454 장자 | 이기동
455 맹자 | 장현근
456 관자 | 신창호
457 순자 | 윤무학
458 미사일 이야기 | 박준복
459 사주(四柱) 이야기 | 이지형
460 영화로 보는 로큰롤 | 김기범
461 비타민 이야기 | 김정환
462 장군 이순신 | 도현신
463 전쟁의 심리학 | 이윤규
464 미국의 장군들 | 여영무
465 첨단무기의 세계 | 양낙규
466 한국무기의 역사 | 이내주
467 노자 | 임헌규
468 한비자 | 윤찬원
469 묵자 | 박문현
470 나는 누구인가 | 김용신
471 논리적 글쓰기 | 여세주
472 디지털 시대의 글쓰기 | 이강룡
473 NLL을 말하다 | 이상철
474 뇌의 비밀 | 서유헌
475 버트런드 러셀 | 박병철
476 에드문트 후설 | 박인철
477 공간 해석의 지혜, 풍수 | 이지형
478 이야기 동양철학사 | 강성률
479 이야기 서양철학사 | 강성률
480 독일 계몽주의의 유학적 기초 | 전홍석
481 우리말 한자 바로쓰기 | 안광희
482 유머의 기술 | 이상훈
483 관상 | 이태룡
484 가상학 | 이태룡
485 역경 | 이태룡
486 대한민국 대통령들의 한국경제 이야기 1 | 이장규
487 대한민국 대통령들의 한국경제 이야기 2 | 이장규
488 별자리 이야기 | 이형철 외
489 셜록 홈즈 | 김재성
490 역사를 움직인 중국 여성들 | 이양자
491 중국 고전 이야기 | 문승용
492 발효 이야기 | 이미란
493 이승만 평전 | 이주영
494 미군정시대 이야기 | 차상철
495 한국전쟁사 | 이희진
496 정전협정 | 조성훈
497 북한 대남 침투도발사 | 이윤규
498 수상 | 이태룡
499 성명학 | 이태룡
500 결혼 | 남정욱
501 광고로 보는 근대문화사 | 김병희
502 시조의 이해 | 임형선
503 일본인은 왜 속마음을 말하지 않을까 | 임영철
504 내 사랑 아다지오 | 양태조
505 수프림 오페라 | 김도윤
506 바그너의 이해 | 서정원
507 원자력 이야기 | 이정익
508 이스라엘과 창조경제 | 정성호
509 한국 사회 빈부의식은 어떻게 변했는가 | 김용신
510 요하문명과 한반도 | 우실하
511 고조선왕조실록 | 이희진
512 고구려조선왕조실록 1 | 이희진
513 고구려조선왕조실록 2 | 이희진
514 백제왕조실록 1 | 이희진
515 백제왕조실록 2 | 이희진
516 신라왕조실록 1 | 이희진
517 신라왕조실록 2 | 이희진
518 신라왕조실록 3 | 이희진
519 가야왕조실록 | 이희진
520 발해왕조실록 | 구난희
521 고려왕조실록 1 (근간)
522 고려왕조실록 2 (근간)
523 조선왕조실록 1 | 이성무
524 조선왕조실록 2 | 이성무

525 조선왕조실록 3 | 이성무
526 조선왕조실록 4 | 이성무
527 조선왕조실록 5 | 이성무
528 조선왕조실록 6 | 편집부
529 정한론 | 이기용
530 청일전쟁 | 이성환
531 러일전쟁 | 이성환
532 이슬람 전쟁사 | 진원숙
533 소주이야기 | 이지형
534 북한 남침 이후 3일간, 이승만 대통령의 행적 | 남정옥
535 제주 신화 1 | 이석범
536 제주 신화 2 | 이석범
537 제주 전설 1 | 이석범
538 제주 전설 2 | 이석범
539 제주 전설 3 | 이석범
540 제주 전설 4 | 이석범
541 제주 전설 5 | 이석범
542 제주 민담 | 이석범
543 서양의 명장 | 박기련
544 동양의 명장 | 박기련
545 루소, 교육을 말하다 | 고봉만·황성원
546 철학으로 본 앙트러프러너십 | 전인수
547 예술과 앙트러프러너십 | 조명계
548 예술마케팅 | 전인수
549 비즈니스상력 | 전인수
550 개념설계의 시대 | 전인수
551 미국 독립전쟁 | 김형곤
552 미국 남북전쟁 | 김형곤
553 초기불교 이야기 | 곽철환
554 한국가톨릭의 역사 | 서정민
555 시아 이슬람 | 유흥태
556 스토리텔링에서 스토리두잉으로 | 윤주
557 백세시대의 지혜 | 신현동
558 구보 씨가 살아온 한국 사회 | 김병희
559 정부광고로 보는 일상생활사 | 김병희
560 정부광고의 국민계몽 캠페인 | 김병희
561 도시재생이야기 | 윤주
562 한국의 핵무장 | 김재엽
563 고구려 비문의 비밀 | 정호섭
564 비슷하면서도 다른 한중문화 | 장범성
565 급변하는 현대 중국의 일상 | 장시,리우린,장범성
566 중국의 한국 유학생들 | 왕링원, 장범성
567 밥 딜런 그의 나라에는 누가 사는가 | 오민석
568 언론으로 본 정부 정책의 변천 | 김병희
569 전통과 보수의 나라 영국 1—영국 역사 | 한일동
570 전통과 보수의 나라 영국 2—영국 문화 | 한일동
571 전통과 보수의 나라 영국 3—영국 현대 | 김언조
572 제1차 세계대전 | 윤형호
573 제2차 세계대전 | 윤형호
574 라벨로 보는 프랑스 포도주의 이해 | 전경준
575 미셸 푸코, 말과 사물 | 이규현
576 프로이트, 꿈의 해석 | 김석
577 왜 5왕 | 홍성화
578 소가씨 4대 | 나행주
579 미나모토 요리토모 | 남기학
580 도요토미 히데요시 | 이계황
581 요시다 쇼인 | 이희복
582 시부사와 에이이치 | 양의모
583 이토 히로부미 | 방광석
584 메이지 천황 | 박진우
585 하라 다카시 | 김영숙
586 히라쓰카 라이초 | 정애영
587 고노에 후미마로 | 김봉식
588 모방이론으로 본 시장경제 | 김진식
589 보들레르의 풍자적 현대문명 비판 | 이건수
590 원시유교 | 한성구
591 도가 | 김대근
592 춘추전국시대의 고민 | 김현주
593 사회계약론 | 오수웅

사르트르와 보부아르의 **계약결혼**

펴낸날	초판 1쇄 2007년 2월 25일
	초판 7쇄 2021년 8월 2일

지은이	**변광배**
펴낸이	**심만수**
펴낸곳	(주)살림출판사
출판등록	1989년 11월 1일 제9-210호

주소	경기도 파주시 광인사길 30
전화	031-955-1350　팩스　031-624-1356
홈페이지	http://www.sallimbooks.com
이메일	book@sallimbooks.com

ISBN	978-89-522-0614-5　04080
	978-89-522-0096-9　04080 (세트)

※ 값은 뒤표지에 있습니다.
※ 잘못 만들어진 책은 구입하신 서점에서 바꾸어 드립니다.

함께 읽으면 좋은 책

사회·문화

089 커피 이야기

eBook

김성윤(조선일보 기자)

커피는 일상을 영위하는 데 꼭 필요한 현대인의 생필품이 되어 버렸다. 중독성 있는 향, 마실수록 감미로운 쓴맛, 각성효과, 마음의 평화까지 제공하는 커피. 이 책에서 저자는 커피의 발견에 얽힌 이야기를 통해 그 기원을 설명한다. 커피의 문화사뿐만 아니라 커피에 대한 일반적인 정보 및 오해에 대해서도 쉽고 재미있게 소개한다.

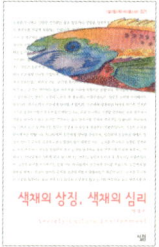

021 색채의 상징, 색채의 심리

박영수(테마역사문화연구원 원장)

색채의 상징을 과학적으로 설명한 책. 색채의 이면에 숨어 있는 과학적 원리를 깨우쳐 주고 색채가 인간의 심리에 어떤 작용을 하는지를 여러 가지 분야의 사례를 통해 설명한다. 저자는 색에는 나름대로의 독특한 상징이 숨어 있으며, 성격에 따라 선호하는 색채도 다르다고 말한다.

001 미국의 좌파와 우파

eBook

이주영(건국대 사학과 명예교수)

진보와 보수 세력의 변천사를 통해 미국의 정치와 사회 그리고 문화가 어떻게 형성되고 변해왔는지를 추적한 책. 건국 초기의 자유방임주의가 경제위기의 상황에서 진보-좌파 세력의 득세로 이어진 과정, 민주당과 공화당의 대립과 갈등, '제2의 미국혁명'으로 일컬어지는 극우파의 성장 배경 등이 자연스럽게 서술된다.

002 미국의 정체성 10가지 코드로 미국을 말하다

eBook

김형인(한국외대 연구교수)

개인주의, 자유의 예찬, 평등주의, 법치주의, 다문화주의, 청교도 정신, 개척 정신, 실용주의, 과학·기술에 대한 신뢰, 미래지향성과 직설적 표현 등 10가지 코드를 통해 미국인의 정체성과 신념을 추적한 책. 미국인의 가치관과 정신이 어떠한 과정을 통해서 형성되고 변천되어 왔는지를 보여 준다.

사회·문화

058 중국의 문화코드

강진석(한국외대 연구교수)

중국의 핵심적인 문화코드를 통해 중국인의 과거와 현재, 문명의 형성 배경과 다양한 문화 양상을 조명한 책. 이 책은 중국인의 대표적인 기질이 어떠한 역사적 맥락에서 형성되었는지 주목한다. 또한, 구체적이고 실제적인 여러 사물과 사례를 중심으로 중국인의 사유방식에 대해 설명해 주고 있다.

057 중국의 정체성 `eBook`

강준영(한국외대 중국어과 교수)

중국, 중국인을 우리는 과연 어떻게 이해해야 하나? 우리 겨레의 역사와 직·간접적으로 끊임없이 영향을 주고받은 중국, 그러면서도 아직까지 그들의 속내를 자신 있게 말할 수 없는, 한편으로는 신비스럽고, 한편으로는 종잡을 수 없는 중국인에 대한 정체성을 명쾌하게 정리한 책.

015 오리엔탈리즘의 역사 `eBook`

정진농(부산대 영문과 교수)

동양인에 대한 서양인의 오만한 사고와 의식에 준엄한 항의를 했던 에드워드 사이드의 오리엔탈리즘. 이 책은 에드워드 사이드의 이론 해설에 머무르지 않고 진정한 오리엔탈리즘의 출발점과 그 과정, 그리고 현재와 미래의 조망까지 아우른다. 또한 오리엔탈리즘이 사이드가 발굴해 낸 새로운 개념이 결코 아님을 역설한다.

186 일본의 정체성 `eBook`

김필동(세명대 일어일문학과 교수)

일본인의 의식세계와 오늘의 일본을 만든 정신과 문화 등을 소개한 책. 일본인을 지배하는 이데올로기는 무엇이고 어떤 특징을 가지는지, 일본을 주목해야 하는 이유는 무엇인지 등이 서술된다. 일본인 행동양식의 특징과 토착적인 사상, 일본사회의 문화적 전통의 실체에 대한 분석을 통해 일본의 정체성을 체계적으로 살펴보고 있다.

사회·문화

261 노블레스 오블리주 세상을 비추는 기부의 역사

예종석(한양대 경영학과 교수)

프랑스어로 '높은 사회적 신분에 상응하는 도덕적 의무'를 뜻하는 노블레스 오블리주. 고대 그리스부터 현대까지 이어지고 있는 노블레스 오블리주의 역사 및 미국과 우리나라의 기부 문화를 살펴보고, 새로운 시대정신으로 노블레스 오블리주를 부활시킬 수 있는 가능성을 모색해 본다.

396 치명적인 금융위기, 왜 유독 대한민국인가 `eBook`

오형규(한국경제신문 논설위원)

이 책은 전 세계적인 금융 리스크의 증가 현상을 살펴보는 동시에 유달리 위기에 취약한 대한민국 경제의 문제를 진단한다. 금융안정망 구축 방안과 같은 실용적인 경제정책에서부터 개개인이 기억해야 할 대비법까지 제시해 주는 이 책을 통해 현대사회의 뉴노멀이 되어 버린 금융위기에서 살아남는 방법을 확인해 보자.

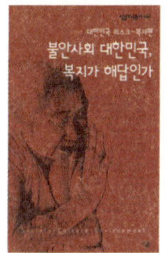

400 불안사회 대한민국, 복지가 해답인가 `eBook`

신광영 (중앙대 사회학과 교수)

대한민국 사회의 미래를 위해서 복지는 선택이 아니라 필수라고 말하는 책. 이를 위해 경제 위기, 사회해체, 저출산 고령화, 공동체 붕괴 등 불안사회 대한민국이 안고 있는 수많은 리스크를 진단한다. 저자는 사회적 위험에 대응하기 위한 복지 제도야말로 국민 모두의 삶의 질을 높일 수 있는 길이라는 것을 역설한다.

380 기후변화 이야기 `eBook`

이유진(녹색연합 기후에너지 정책위원)

이 책은 기후변화라는 위기의 시대를 살면서 우리가 알아야 할 기본지식을 소개한다. 저자는 기후변화와 관련된 핵심 쟁점들을 모두 정리하는 동시에 우리가 행동해야 할 실천적인 대안을 제시한다. 이를 통해 독자들은 기후변화 시대를 사는 우리가 무엇을 해야 할 것인지에 대하여 생각해 볼 수 있을 것이다.

사회 · 문화

eBook 표시가 되어있는 도서는 전자책으로 구매가 가능합니다.

001 미국의 좌파와 우파 | 이주영
002 미국의 정체성 | 김형인 eBook
003 마이너리티 역사 | 손영호
004 두 얼굴을 가진 하나님 | 김형인
005 MD | 정욱식 eBook
006 반미 | 김진웅
007 영화로 보는 미국 | 김성곤 eBook
008 미국 뒤집어보기 | 장석정
009 미국 문화지도 | 장석정
010 미국 메모랜덤 | 최성일
015 오리엔탈리즘의 역사 | 정진농
021 색채의 상징, 색채의 심리 | 박영수
028 조폭의 계보 | 방성수
037 마피아의 계보 | 안혁
039 유대인 | 정성호
048 르 몽드 | 최연구 eBook
057 중국의 정체성 | 강준영
058 중국의 문화코드 | 강진석
060 화교 | 정성호 eBook
061 중국인의 금기 | 장범성
077 21세기 한국의 문화혁명 | 이정덕 eBook
078 사건으로 보는 한국의 정치변동 | 양길현
079 미국을 만든 사상들 | 정경희 eBook
080 한반도 시나리오 | 정욱식 eBook
081 미국인의 발견 | 우수근
083 법으로 보는 미국 | 채동배
084 미국 여성사 | 이창신 eBook
089 커피 이야기 | 김성윤 eBook
090 축구의 문화사 | 이은호
098 프랑스 문화와 상상력 | 박기현
119 올림픽의 숨은 이야기 | 장원재
136 학계의 금기를 찾아서 | 강성민
137 미 · 중 · 일 새로운 패권전략 | 우수근
142 크리스마스 | 이영제
160 지중해학 | 박상진
161 동북아시아 비핵지대 | 이삼성 외
186 일본의 정체성 | 김필동 eBook
190 한국과 일본 | 하우봉 eBook
217 문화콘텐츠란 무엇인가 | 최연구 eBook
222 자살 | 이진홍 eBook
223 성, 억압과 진보의 역사 | 윤가현
224 아파트의 문화사 | 박철수 eBook
227 한국 축구 발전사 | 김성원 eBook
228 월드컵의 위대한 전설들 | 서준형
229 월드컵의 강국들 | 심재희
231 일본의 이중권력, 쇼군과 천황 | 다카시로 고이치
235 20대의 정체성 | 정성호 eBook
236 중년의 사회학 | 정성호 eBook
237 인권 | 차병직 eBook
238 헌법재판 이야기 | 오호택
248 탈식민주의에 대한 성찰 | 박종성
261 노블레스 오블리주 | 예종석
262 미국인의 탄생 | 김진웅
279 한국인의 관계심리학 | 권수영
282 사르트르와 보부아르의 계약결혼 | 변광배
284 동유럽의 민족 분쟁 | 김철민
288 한미 FTA 후 직업의 미래 | 김준성 eBook
299 이케다 하야토 | 권혁기 eBook
300 박정희 | 김성진 eBook
301 리콴유 | 김성진
302 덩샤오핑 | 박형기 eBook
303 마거릿 대처 | 박동운 eBook
304 로널드 레이건 | 김형곤 eBook
305 셰이크 모하메드 | 최진영
306 유엔사무총장 | 김정태 eBook
312 글로벌 리더 | 백형찬
320 대통령의 탄생 | 조지형
321 대통령의 퇴임 이후 | 김형곤
322 미국의 대통령 선거 | 윤용희
323 프랑스 대통령 이야기 | 최연구
328 베이징 | 조창완
329 상하이 | 김윤희
330 홍콩 | 유영하
331 중화경제의 리더들 | 박형기
332 중국의 엘리트 | 주장환
333 중국의 소수민족 | 정재남
334 중국을 이해하는 9가지 관점 | 우수근
344 보수와 진보의 정신분석 | 김용신
345 저작권 | 김기태
357 미국의 총기 문화 | 손영호
358 표트르 대제 | 박지배
359 조지 워싱턴 | 김형곤
360 나폴레옹 | 서정복
361 비스마르크 | 김장수
362 모택동 | 김승일
363 러시아의 정체성 | 기연수
364 너는 시방 위험한 로봇이다 | 오은
365 빌레니나를 꿈꾼 로봇 | 김선혁
366 로봇 선생님 가라사대 | 안동근
367 로봇 디자인의 숨겨진 규칙 | 구신애
368 로봇을 향한 열정, 일본 애니메이션 | 안병욱
378 데킬라 이야기 | 최명호
380 기후변화 이야기 | 이유진 eBook
385 이슬람 율법 | 공일주
390 법원 이야기 | 오호택 eBook
391 명예훼손이란 무엇인가 | 안상운
392 사법권의 독립 | 조지형
393 피해자학 강의 | 장규원 eBook
394 정보공개란 무엇인가 | 안상운
396 치명적인 금융위기, 왜 유독 대한민국인가 | 오형규 eBook
397 지방자치단체, 돈이 새고 있다 | 최인욱 eBook
398 스마트 위험사회가 온다 | 민경식 eBook
399 한반도 대재난, 대책은 있는가 | 이정직 eBook
400 불안사회 대한민국, 복지가 해답인가 | 신광영
401 21세기 대한민국 대외전략: 낭만적 평화란 없다 | 김기수 eBook
402 보이지 않는 위협, 종북주의 | 류현수 eBook
403 우리 헌법 이야기 | 오호택
405 문화생활과 문화주택 | 김용범
406 미래 주거의 대안 | 김세용 · 이재준 eBook
407 개방과 폐쇄의 딜레마, 북한의 이중적 경제 | 남성욱 · 정유석 eBook
408 연극과 영화를 통해 본 북한사회 | 민병욱 eBook
409 먹기 위한 개방, 살기 위한 핵외교 | 김계동 eBook
410 북한 정권 붕괴 가능성과 대비 | 전경주 eBook
411 북한을 움직이는 힘, 군부의 패권경쟁 | 이영훈 eBook
412 인민의 천국에서 벌어지는 인권유린 | 허만호 eBook
428 역사로 본 중국음식 | 신계숙 eBook
429 일본요리의 역사 | 박병학 eBook
430 한국의 음식문화 | 도현신 eBook
431 프랑스 음식문화 | 민혜련 eBook
438 개헌 이야기 | 오호택
443 국제 난민 이야기 | 김철민
447 브랜드를 알면 자동차가 보인다 | 김홍식 eBook
473 NLL을 말하다 | 이상철 eBook

(주)살림출판사
www.sallimbooks.com
주소 경기도 파주시 문발동 522-1 | 전화 031-955-1350 | 팩스 031-955-1355